AN INQUIRY REPORT

배우며 완성하는

나다운 탐구보고서

- 가이드북 -

고승미 · 이상필 · 이미금 · 장현수

나다움교육연구소
나답게 나다움을 찾는 교육을 하자

교육과학사

추천사

탐구계획서와 탐구보고서를 작성하는 것은 고등학교 교육과정에서 학생들의 탐구역량을 차별성있게 나타낼 수 있는 기본자료이다. 탐구보고서는 학교생활기록부에 기재되어 학생부종합전형의 중요한 평가자료로 활용된다. 탐구보고서는 학업역량, 진로역량, 공동체역량과 대학의 인재상과 연계되어 종합적이고 맥락적인 역량평가의 과정으로 활용된다.

탐구보고서는 특정 주제에 대해 스스로 자료를 찾아 깊이 있게 학습한 결과를 논리적으로 정리하여 제출하는 짧은 논문 형식의 글이다. 이때 선행연구 자료조사나 주제선정 후 이를 해결하는 과정을 통해 자기주도적인 학습 과정과 체계적인 글쓰기 능력을 보여주는 결과물이다.

이 책에서는 먼저 탐구계획서를 작성하기 위해 교과서, 기사, 논문 키워드를 찾기, 내용 정리하기, 목적과 필요성, 탐구 질문, 관련자료 수집, 주제 확정, 본론 목차 작성의 과정으로 나누어 설명하고 있다. 실제로 탐구보고서 작성을 위해 서론 작성, 본론 목차 작성, 결론 작성, 참고 문헌 작성의 과정을 세밀하게 설명하면서 사례를 들고 있다. 『배우며 완성하는 나다운 탐구보고서 가이드북』의 제목이 완성되는 셈이다. 부록에 있는 탐구보고서 사례를 참고하면 따라하기도 쉽게 접근할 수 있다.

이 책의 재미는 자기평가서 작성을 돕는 데 있다. '학교생활기록부 기재요령'에는 자기평가서 이외에도 동료평가서, 수업산출물, 소감문, 독후감이 있지만 자기평가서 작성을 통해 담당교사와 소통할 수 있는 것이 의미와 가치가 있다. 활동을 하게 된 동기, 활동 과정과 결과, 추후 계획을 작성하는 연습과 훈련을 하는 것이 나만의 특색있는 '나다움'이 될 것이다.

정남환 교육학박사

한국진로진학연구원장

추천사

학생의 주도적 성장은 단순한 지식 습득을 넘어, 스스로 질문하고 탐구하는 능력을 기르는 데서 시작됩니다. 『배우며 완성하는 나다운 탐구보고서』는 이러한 능력을 실제로 구현할 수 있도록 도와주는 최고의 길잡이입니다.

이 책은 단지 탐구보고서 작성을 위한 기술적 안내서에 그치지 않습니다. 교과서, 기사, 논문을 통해 키워드를 도출하고, 개인의 진로와 연계된 질문을 스스로 설계하며, 그 과정을 논리적으로 정리하는 전 과정을 담아내며, 학생들이 자신의 배움의 주인으로 성장할 수 있도록 돕습니다.

특히, 결과 중심의 교육에서 과정 중심의 학습으로 전환하고자 하는 교육 현장의 변화 흐름 속에서, 이 책은 '어떻게 탐구할 것인가'에 대한 실질적인 방법을 제공함으로써 학교 현장은 물론 학생부종합전형을 준비하는 모든 학생들에게도 매우 유용한 자산이 될 것입니다.

한국교육컨설턴트협의회는 본 도서가 대한민국 교육의 '나다움'을 찾는 여정에 중요한 동반자가 되리라 확신합니다. 학생 한 사람 한 사람의 탐구가 존중받고, 그 과정이 학교교육의 중심이 되는 날을 기대하며, 이 소중한 책의 출간을 진심으로 축하드립니다.

2025년 7월

한국교육컨설턴트협의회 대표

조 훈

머리말

『배우며 완성하는 나다운 탐구보고서 - 가이드북』을 통해 여러분을 만나 뵙게 되어 진심으로 기쁩니다. 이 책은 급변하는 교육 환경 속에서 고등학교 학생들이 자신의 탐구 역량을 효과적으로 드러내고, 나아가 학생부종합전형이라는 중요한 관문을 성공적으로 통과할 수 있도록 돕기 위해 기획되었습니다.

처음 탐구를 시작했을 때는 단순히 내용을 '따라하면서' 완성하는 탐구보고서에 초점을 맞추었습니다. 하지만 많은 시행착오를 거치며, 수업을 통해 '배우며' 스스로 해보는 과정 자체가 탐구보고서를 완성하는 중요한 방법임을 다시 한 번 깨달았습니다. 수년간의 학교 수업과 연수 과정을 통해 얻은 노하우를 바탕으로, 여러분이 '배우고 완성하는' 자신만의 '나다운' 탐구보고서를 완성하는 하나의 지표를 제시하고자 합니다.

탐구보고서는 단순히 지식을 논하는 게 아니라, 특정 주제에 대해 스스로 깊이 탐색하고 그 결과를 논리적으로 정리하는 짧은 논문 형식의 글입니다. 이 과정을 통해 여러분은 자기 주도적인 학습 능력과 체계적인 글쓰기 능력을 함양하게 될 것입니다. 또한, 탐구계획서와 탐구보고서는 학교생활기록부에 기재되어 학업 역량, 진로 역량, 공동체 역량 등 대학에서 요구하는 핵심 역량을 종합적이고 맥락적으로 평가받는 중요한 자료가 됩니다.

저희는 이 책을 통해 여러분이 탐구의 첫걸음부터 마지막까지 헤매지 않고 '나다운' 탐구를 완성할 수 있도록 가장 실질적이고 구체적인 방법을 담아내고자 노력했습니다. 탐구계획서 작성을 위한 키워드 찾기, 내용 정리, 목적 및 필요성 설정, 탐구 질문 도출부터 탐구보고서의 서론, 본론, 결론 작성법, 그리고 참고문헌 작성에 이르기까지 모든 과정을 세밀하게 안내합니다. 특히 부록에 수록된 탐구보고서 사례들은 여러분이 실제 보고서를 작성하는 데 큰 도움이 될 것입니다.

무엇보다 이 책의 특별함은 '자기평가서' 작성에 대한 깊이 있는 가이드에 있습니다. 탐구 활동을 통해 얻은 깨달음과 성장을 자신만의 언어로 기록하는 과정은 단순한 평가를 넘어, 여러분의 '나다움'을 더욱 선명하게 만들어 줄 것입니다.

탐구는 정해진 답을 찾는 과정이 아니라, 끊임없이 질문하고 시행착오를 거치며 새로운 해결 방안을 모색하는 창의적인 여정입니다. 때로는 어렵고 막막하게 느껴질 수도 있지만, 이 책이 여러분의 든든한 길잡이가 되어 탐구의 즐거움을 깨닫고 한 단계 더 성장하는 계기가 되기를 바랍니다.

이 책이 여러분의 빛나는 성장을 위한 소중한 밑거름이 되기를 진심으로 바라며, 여러분의 모든 탐구 활동을 응원합니다.

감사합니다.

고승미, 이상필, 이미금, 장현수

목차

[부록]

Step Ⅰ

탐구의 개요

Step Ⅰ

탐구의 개요

1. 탐구의 개요

탐구보고서는 특정 주제에 대해 스스로 자료를 찾아 깊이 있게 학습한 결과를 논리적으로 정리하여 제출하는 짧은 논문 형식의 글이다. 이때 선행연구자료 조사나 주제선정 후 이를 해결하는 과정을 거치기 때문에 주도적인 학습 과정과 체계적인 글쓰기 능력을 보여주는 결과물인 것이다.

가. 탐구활동의 중요성

탐구 활동은 단순한 학습을 넘어 자기주도적인 성장의 핵심 동력이다. 다양한 참고문헌을 탐색하고 깊이 있게 분석하는 과정에서 우리는 기존 지식의 한계를 넘어 심화되고 확장된 이해에 도달할 수 있다. 이는 피상적인 암기 위주의 학습과는 질적으로 다른 깊이 있는 깨달음을 제공하며, 폭넓은 시야를 길러준다.

더욱이 탐구 활동은 자신의 견해를 논리적으로 펼치고 주장하는 능력을 키우는 데 필수적인 과정이다. 스스로 문제를 정의하고, 관련된 정보를 수집 및 분석하며, 타당한 근거를 바탕으로 주장을 펼치는 훈련을 통해 비판적 사고 능력과 논리적 접근 역량을 향상시킬 수 있다. 이러한 능력은 학문적인 성취뿐만 아니라, 복잡한 사회 현상을 이해하고 합리적인 의사 결정을 내리는 데 중요한 기반이 된다.

스스로 문제 해결을 위해 끊임없이 질문하고 탐색하는 과정 자체가 곧 역량 강화의 핵심이다. 정해진 답을 찾는 것이 아니라, 다양한 시행착오를 거치며 새로운 해결 방안을 모색하는 경험은 창의력과 문제 해결 능력을 키워준다. 이 과정에서 얻는 성취감은 학습에 대한 흥미를 높이고, 앞으로 마주할 어려움에 굴하지 않고 도전하는 자기 효능감을 길러준다.

뿐만 아니라, 탐구 활동은 학교에서 배우는 교과 지식을 삶과 연결하는 중요한 연결고리 역할을 한다. 자신이 탐구하는 주제가 어떻게 현실 세계와 관련되어 있는지, 자신의 진로와 어떤 연관성을 가지는지 고민하는 과정에서 학습은 단순한 이론적 지식을 넘어 삶의 지혜로 확장된다. 이는 학습의 동기를 부여하고, 미래 사회의 구성원으로서 자신의 역할을 고민하고 준비하는 데 중요한 밑거름이 될 것이다.

나. 결과중심에서 과정중심으로의 변화

- 무엇을 탐구할지 다양한 탐색이나 토론을 통해 고민한 흔적
- 어떤 과정을 거쳐야 결과를 얻을 수 있을지 고민한 흔적
- 단계별 과정을 거치며 새로운 지식이나 정보, 이론을 찾으려고 노력한 흔적
- 하나의 결과를 얻기 위해 직접 탐문하고 찾아다니며 조사한 흔적
- 함께 이해와 협동으로 조화롭게 끝까지 과정을 함께한 흔적
- 포기하지 않고 자기주도적으로 문제 해결 능력을 발휘하며 끈기와 인내로 결과물을 도출해 낸 흔적

2. 탐구보고서의 역할

가. 학생부종합전형 평가요소

탐구보고서를 작성하고 학교생활기록부에 기록을 통해서 성장과정이 잘 드러나 있다면, 학생부종합전형의 서류평가에서 경쟁력을 갖출 수 있다. 이렇게 기록된 내용은 대학교에서 평가하는 요소 및 항목에서 평가를 받게 된다.

학교생활기록부의 다양한 부분에서 학생을 평가하는 증거자료로

사용이 되고 있다. 그중에서 특히 학업역량의 탐구력과 진로역량의 진로탐색 활동과 경험의 평가에서 탐구보고서가 매우 중요한 역할을 한다고 볼 수 있다.

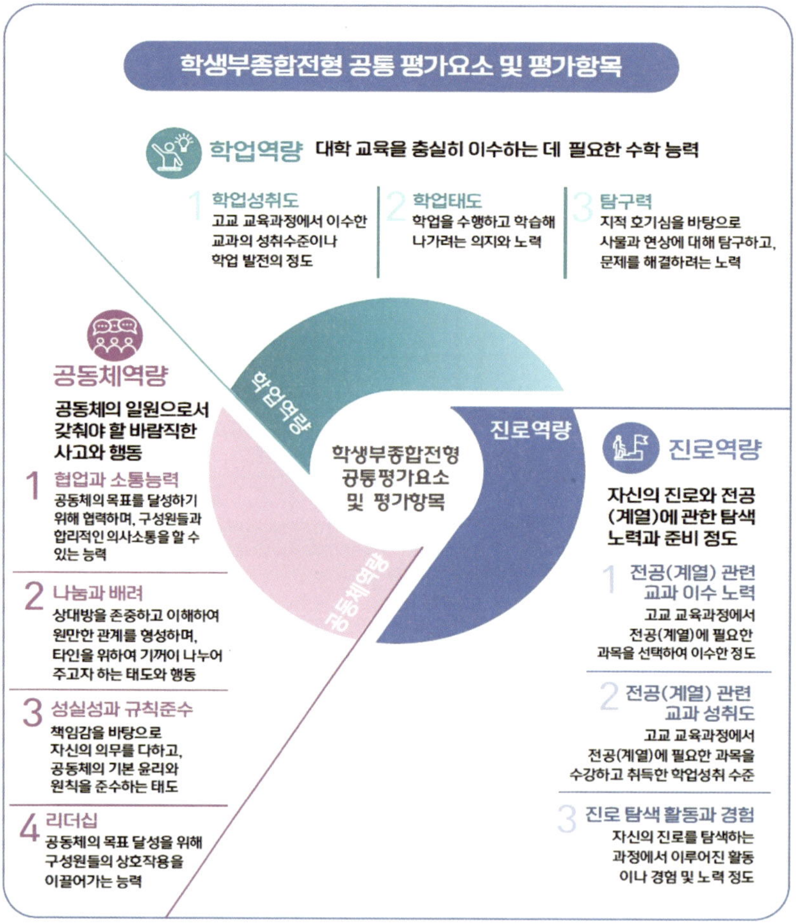

출처: 2021 건국대 · 경희대 · 연세대 · 중앙대 · 한국외대 공동연구

나. 대학교 인재상

학생부종합전형에서 탐구보고서의 내용이 자신의 진로 희망, 즉 희망 학과와 연계되어 있으면 평가에서 유리하다. 평가 요소의 근거가 되는 학과별 인재상을 파악하여 탐구보고서 주제에 반영하기 위해 몇몇 학과의 인재상을 살펴보자.

사례

컴퓨터과학부

- 수학, 기초 과학에 대한 지식 및 외국어 능력을 갖춘 학생
- 컴퓨터 및 정보과학 기술에 흥미가 높으며 창의적이고 자기주도적인 문제해결 능력을 갖춘 학생
- 의사소통 능력 및 협동능력을 갖춘 학생

화학공학과

- 기초 과학 및 수학 교과목에 대해 깊은 소양을 갖춘 학생
- 공학적 응용에서 요구되는 창의적이고 분석적인 사고력을 겸비한 학생
- 타인과 공동 목표를 위해 협동하는 능력 및 다양한 의견들을 통합할 수 있는 리더십을 갖춘 학생

인공지능학과

- 수학, 기초 과학, 외국어에 대한 성취도가 우수하며 전공에 대한 흥미를 가진 학생
- 공학적 마인드와 컴퓨터 구현 역량을 갖춘 학생
- 성실하고 책임감이 있으며 팀워크에서 리더십과 배려심을 발휘할 수 있는 학생

경영학부

- 수리적 분석력과 정보 활용 능력, 외국어 능력이 우수한 학생
- 논리적 사고력을 갖추고 창의적인 문제 해결 방안 제시가 가능하며 도전 정신을 가진 학생
- 사회통합형 리더십과 팀워크 능력, 올바른 기업윤리정신에 대한 이해와 시민의식을 갖춘 학생

사회복지학과

- 기초 교과의 성취도가 우수하고 다양한 분야의 사회복지 문제에 관심이 많은 학생
- 사회적 이슈를 자신의 관점에서 사회문제로 연결하고 대안 제시가 가능한 학생
- 다양성을 가진 사회와의 의사소통 능력 및 원활한 대인관계 형성, 리더십이 있는 학생

경제학과

- 사회적 책임 의식을 갖춘 경영, 경제인 양성
- 창의성 및 전문성을 겸비한 인재
- 국가 및 인류 발전에 기여할 수 있는 글로벌 리더 양상
- 사회적 책임 의식, 한국경제 및 세계 경제에 관한 전문적 지식을 갖춘 경제인
- 국가 및 인류 발전에 기여
- 열린 세계관을 지닌 인재 양성

사회문제탐구

'경제 양극화의 원인과 해결 방안'을 주제로 선정하여 발표, 참고 자료로는 '우리나라 경제 양극화가 심화되는 요인에 대한 국민 여론조사'와 '경제 성장률과 실업률, 민간 소비의 관계' 통계를 제시하여 문제의 심각성을 드러냈으며, 이러한 문제의 근본적 원인을 사회적 차원과 개인적 차원으로 구분하여 정리함. 이러한 문제 해결을 위한 정책으로 다주택자 취득세 중과세 정책을 상세하게 소개함과 동시에 정책의 실효성을 비판적으로 접근함.

Step Ⅱ

탐구계획서 작성

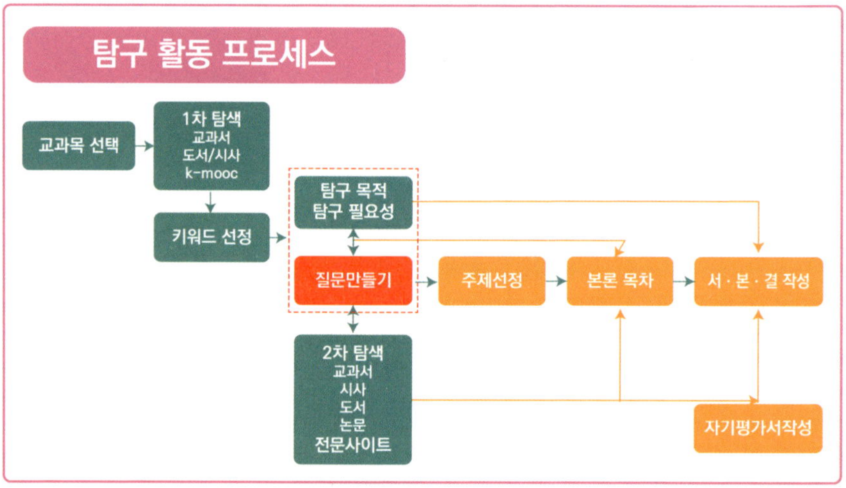
탐구 활동 프로세스
교과목 선택
1차 탐색
교과서
도서/시사
k-mooc
키워드 선정
탐구 목적
탐구 필요성
질문만들기
주제선정
본론 목차
서 · 본 · 결 작성
2차 탐색
교과서
시사
도서
논문
전문사이트
자기평가서작성

memo

Step Ⅱ

탐구계획서 작성

탐구보고서를 작성하고자 한다면 교과서, 기사, 논문에 있는 키워드를 찾는 과정은 관심 있는 분야의 핵심 개념을 파악하여 이를 바탕으로 탐구의 방향성과 주제를 설정하는 데 중요한 역할을 한다. 또한 키워드를 중심으로 관련 자료들을 수집하게 되면 보다 효과적으로 필요한 내용을 선별할 수 있고, 이는 탐구 과정의 논리성과 전문성을 높이는 데 기여한다. 다양한 교과 간의 키워드를 융합함으로써 창의적인 주제 설정도 가능하게 하며, 주어진 과제를 하는 데 그치지 않고, 스스로 주제를 탐색하고 분석하는 자기주도적 학습 능력과 비판적 사고력을 길러주는 중요한 출발점이 된다. 키워드를 찾는 과정은 탐구보고서의 완성도를 좌우하는 데 가장 핵심적인 단계라고 할 수 있다.

1. 키워드 찾기

가. 교과 활용

주제탐구를 하기 위해서는 관심사를 찾아야 한다. 그중 첫 번째로는 교과에서 관심사와 함께 키워드를 찾는 방법이다. 나의 진로와 연관시킬 수 있는 과목, 또는 특별히 좋아하는 과목, 공부하다 보니 재미있는 과목의 단원에서 키워드를 찾을 수 있다.

2022 개정 교육과정에서는 문·이과 구분은 없지만 진로역량을 나타내기 위해서는 계열에 관한 분류가 필요하다.

예를 들어 인문사회계열의 진로를 선택한 학생이라면 사회과목에서, 자연공학계열의 학생이라면 과학, 수학과목에서 주제와 관련된 키워드를 찾아볼 수 있다.

경희대학교에서 2022 개정 교육과정이 적용되는 고등학생 1학년의 과목 선택을 돕고자 교과 이수 권장과목을 발표하였다. 자연계열 모집 단위에 한정하여 모집단위 특성을 반영한 권장과목을 제시하였다. 내용은 다음과 같다.

학문 분야	모집단위	변경(2022 개정 교육과정)			
		핵심과목		권장과목	
		수학교과	과학교과	수학교과	과학(정보)교과
수학	수학과, 응용수학과	대수, 미적분I, II 확률과 통계, 기하	-	-	-
컴퓨터	소프트웨어융합학과 인공지능학과 컴퓨터공학과	대수, 미적분I, II 확률과 통계, 기하	-	인공지능 수학	-
산업	산업경영공학과	대수, 미적분I, II 확률과 통계	-	-	-
물리	물리학과, 응용물리학과	대수, 미적분I, II 확률과 통계, 기하	물리학 역학과 에너지 전자기와 양자	-	화학 물질과 에너지
기계	기계공학부	대수, 미적분I, II 확률과 통계, 기하	물리학, 화학 역학과 에너지 전자기와 양자	-	물질과 에너지 화학 반응의 세계
전기·전자	미래정보디스플레이학부 생체의공학과 전자공학과 반도체공학과	대수, 미적분 I, II 확률과 통계, 기하	물리학, 화학 역학과 에너지 전자기와 양자	-	-

<table>
<tr><th rowspan="3">학문
분야</th><th rowspan="3">모집단위</th><th colspan="4">변경(2022 개정 교육과정)</th></tr>
<tr><th colspan="2">핵심과목</th><th colspan="2">권장과목</th></tr>
<tr><th>수학교과</th><th>과학교과</th><th>수학교과</th><th>과학(정보)교과</th></tr>
<tr><td rowspan="2">건설/
건축</td><td>건축공학과
사회기반시스템
공학과</td><td>대수,
미적분 I, II
확률과 통계</td><td>물리학</td><td>기하</td><td>-</td></tr>
<tr><td>건축학과</td><td>대수,
미적분 I
확률과 통계</td><td>-</td><td>미적분 II,
기하</td><td>물리학</td></tr>
<tr><td>화학</td><td>화학과
응용화학과</td><td>대수,
미적분I, II
확률과 통계</td><td>화학
물질과
에너지
화학 반응의
세계</td><td>기하</td><td>물리학,
생명과학
역학과 에너지
전자기와
양자</td></tr>
<tr><td rowspan="2">재료/
화공 ·
고분자
에너지</td><td>원자력공학과
신소재공학과</td><td>대수,
미적분 I, II
확률과 통계</td><td>물리학, 화학
물질과 에너지
역학과
에너지</td><td>-</td><td>전자기와
양자
화학 반응의
세계</td></tr>
<tr><td>화학공학과</td><td>대수,
미적분 I, II
확률과 통계</td><td>물리학, 화학
물질과
에너지
화학 반응의
세계</td><td>기하</td><td>역학과
에너지
전자기와
양자</td></tr>
<tr><td rowspan="2">생명
과학
· 환경/
생활
과학/
농림</td><td>생물학과
스마트팜과학과</td><td>대수,
미적분 I
확률과 통계</td><td>화학,
생명과학
세포와 물질
대사
생물의 유전</td><td>미적분 II</td><td>물리학</td></tr>
<tr><td>식품영양학과</td><td>대수,</td><td>화학,</td><td>미적분 II</td><td>물질과</td></tr>
</table>

학문 분야	모집단위	변경(2022 개정 교육과정)			
		핵심과목		권장과목	
		수학교과	과학교과	수학교과	과학(정보)교과
	식품생명공학과 유전생명공학과 환경학 및 환경공학과	미적분 I 확률과 통계	생명과학 세포와 물질대사 생물의 유전		에너지 화학 반응의 세계
	융합바이오· 신소재 공학과	대수, 미적분 I 확률과 통계	화학, 생명과학 세포와 물질대사 생물의 유전 물질과 에너지 화학반응의 세계	미적분 II	물리학
천문· 지구	지리학과	대수, 미적분 I 확률과 통계	물리학, 화학 지구과학 지구시스템 과학 행성우주과학	기하, 미적분 II	역학과 에너지 물질과 에너지 정보
	우주과학과	대수, 미적분 I, II 확률과 통계	물리학, 화학 지구과학 지구시스템 과학 행성우주과학	기하	역학과 에너지 전자기와 양자
의학	의예과	대수, 미적분 I, II 확률과 통계	화학, 생명과학 물질과 에너지 화학 반응의 세계	-	물리학

학문 분야	모집단위	변경(2022 개정 교육과정)			
		핵심과목		권장과목	
		수학교과	과학교과	수학교과	과학(정보)교과
			세포와 물질대사 생물의 유전		
	한의예과 치의예과	대수, 미적분 I, II 확률과 통계	화학, 생명과학 세포와 물질대사 생물의 유전	-	물리학 물질과 에너지 화학 반응의 세계
약학	약학과, 한약학과 약과학과	대수, 미적분 I, II 확률과 통계	화학, 생명과학 물질과 에너지 화학반응의 세계 세포와 물질대사 생물의 유전	-	물리학
간호/ 보건	간호학과	대수, 미적분 I 확률과 통계	생명과학 세포의 물질대사 생물의 유전	미적분 II	화학 물질과 에너지 화학 반응의 세계

출처: 경희대학교 2022 개정 교육과정 권장과목 리스트

자신의 진로/관심사에 맞는 키워드를 교과서에서 찾는 방법은 다음과 같다.

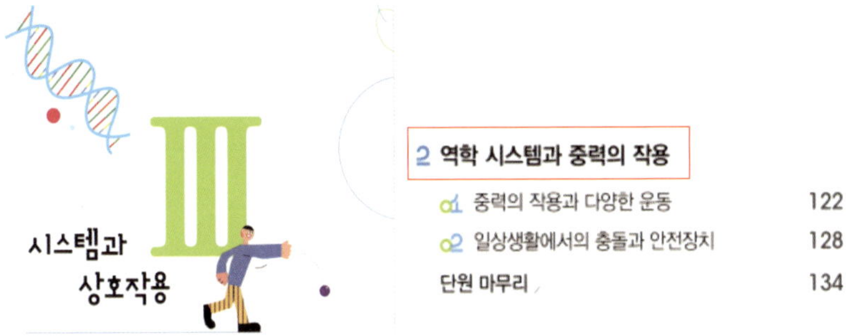
III

시스템과 상호작용

2 역학 시스템과 중력의 작용

01 중력의 작용과 다양한 운동 122

02 일상생활에서의 충돌과 안전장치 128

단원 마무리 134

출처: 천재교과서 2022 개정 교육교과서 통합과학 1(신영준)

사례

기계공학과 진학을 하고 싶은 00고등학교 1학년 김00 학생

'과학-공통과목-통합과학1'

III. 시스템과 상호작용 - 2. 역학 시스템과 중력의 작용 -

일상생활에서의 충돌과 안전장치

키워드: 관성, 운동량, 충돌, 힘과 시간의 그래프, 충격흡수, 충격량, 에어백, 자동차 안전기준

정치외교학과 진학을 하고 싶은 00고등학교 2학년 이00 학생

'사회-진로선택과목-정치'

III. 민주 국가의 정부 형태 - 4. 지방 자치의 의의와 과제

키워드: 지방자치제도, 지방자치단체, 주민자치, 지방분권, 풀뿌리 민주주의, 지방의회, 조례, 주민 투표제, 주민 소환제, 국세, 지방세

출처: 경희대학교 정치외교학과 홈페이지

인문계열의 경우 자신이 진학을 희망하는 대학교와 학과 홈페이지에서 교과목을 찾아 연관된 고등학교 교과를 선택하는 것이 좋다.

경희대학교 정치외교학과 홈페이지를 이용하여 전공과목과 연계된 자신의 교과를 정하고 목차에서 진로를 고려하여 교과서에서 배운 단원을 정하고, 교과서 안에서 핵심 키워드를 찾아 정리하고 주제를 정하는 데 도움이 될 수 있다.

이번에는 교과 외 키워드를 찾는 방법이다. 첫 번째로는 자신의 진로 또는 직업, 분야와 관련된 최근 기사를 검색하여 키워드를 찾는 방법이다. 최근 기사는 자신이 관심 있는 주제에 대한 최근 동향을 포함하고 있기에 신선한 주제를 선정하는 데 도움이 된다.

나. 기사 활용법

종합일간지, 경제지, 지역일간지, 방송사 등을 포함한 국내 최대의 뉴스기사 DB에 빅데이터 분석 기술을 접목한 새로운 뉴스 분석 서비스이며 누구나 무료로 이용할 수 있고, 회원가입 시 분석데이터 다운로드, 관심뉴스 메일링 등 다양한 개인화 서비스를 지원하고 있다. 빅카인즈에서 키워드를 찾는 방법은 다음과 같다.

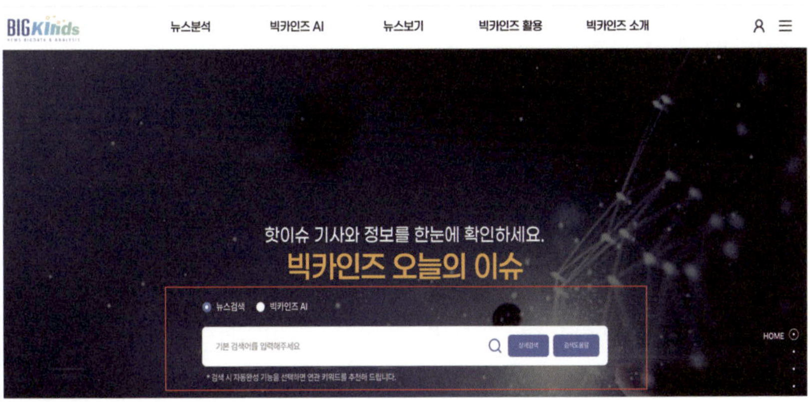

출처: 빅카인즈 홈페이지

첫 화면에서 자신이 관심 있는 분야의 뉴스를 검색하는 방법이다. 예를 들어 자동차모빌리티 분야에 관심이 있다면 검색란에 '전기자동차'라고 검색을 하게 되면 전기자동차와 연계된 뉴스들이 검색된다.

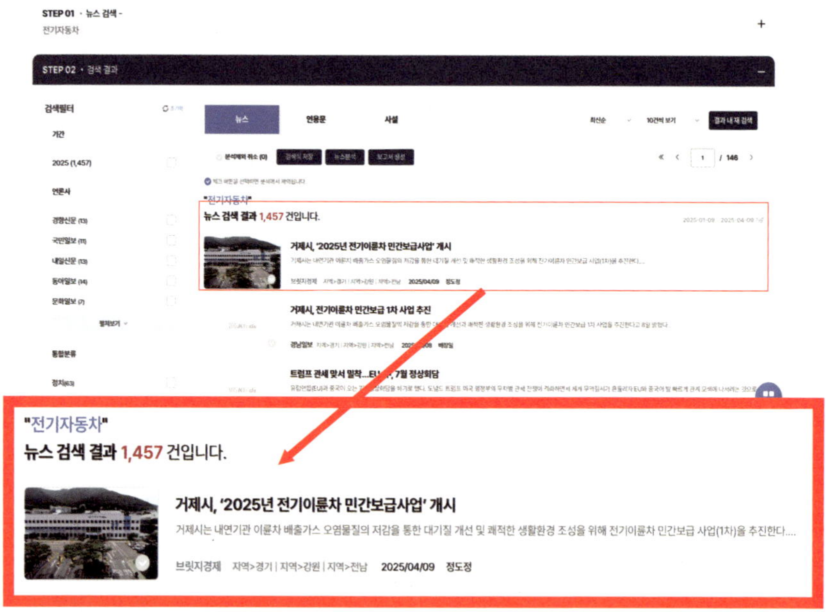

너무 많은 양의 뉴스기사가 검색이 된다면 왼쪽의 검색필터를 활용하여 자신에게 필요한 기사만 선택할 수 있다. 필터의 종류에는 기간, 언론사, 통합분류(분야), 사건사고 분류로 나눌 수 있다. 만약 자신이 IT_과학 분야의 기사만 검색하고 싶다면 "통합분류_IT_과학"에 체크를 하게 되면 과학에 관련된 기사만 정렬된다.

필터로 정렬된 뉴스 기사 중 자신이 관심 있는 분야, 진로와 관련된 분야의 기사가 있다면 기사 내용에서 키워드를 찾아낼 수 있다.

동아대 이정규 교수팀, 차세대 '리튬-황 전고체전지' 고성능 구현

(왼쪽부터) 동아대 이정규 교수, 카루푸 무루게산 박사. 동아대 제공...

부산일보 IT_과학>과학 | 경제>반도체 | IT_과학>모바일 2025/04/07 김형일

출처: 빅카인즈

□ 기사문

동아대, 이정규 교수팀, 차세대 '리튬-황 전고체전지' 고성능 구현, 부산일보, 김형일 기자, 2024.04.07.

동아대학교 화학공학과 이정규 교수팀이 차세대 '리튬-황 전고체전지'를 고성능으로 구현할 수 있는 기술을 개발한 논문을 'Chemical Engineering Journal' 4월호에 발표했다고 밝혔다.
리튬-황 이차전지는 저가의 고에너지 차세대 이차전지로 개발되고 있으나, 황의 전도성이 낮고 과량의 액체 전해질을 사용하는 방전 과정에서 리튬폴리설파이드 용출과 이동 문제로 이론 용량 및 높은 충·방전 효율(>99%)을 구현하기 어려운 것으로 알려져 있다. 연구팀은 용액 혼합법을 적용해 양극 물질과 황화물계 전고체전해질 간의 계면 안정성을 확보, 황의 이론 용량에 근접하는 최고 수준의 용량과 충·방전효율(99.9%, 300사이클)을 구현하는 데 성공했다.

키워드

리튬-황, 전고체전지, Chemical Engineering Journal, 한국에너지평가원, 이차전지, 액체 전해질, 리튬폴리설파이드, 충전, 방전 효율, 탄소 입자, 탄소나노튜브, 복합체 양극물질, 계면 안정성, 금속산화물, 전기자동차

다. 논문에서 키워드 찾기

논문은 어떠한 주제에 대해 연구자가 학문적 연구를 통해 결과나 의견, 주장을 논리와 형식에 맞추어 체계적으로 쓴 글이다. 우리가 볼 수 있는 대부분의 논문은 대학교, 대학원, 학회 등에서 작성된 논문이다. 다양한 논문을 활용하는 방법도 좋지만 석사, 박사 졸업논문의 경우 내용이 너무 많아 활용하기 어려운 점이 있다. 학술지 논문은 내용이 상대적으로 적어 학생들이 활용하는 데 적합하다.

논문을 검색하는 대표적인 사이트는 디비피아(DBpia), 리스(RISS), KCI, 구글 학술검색 등이 있으며 고등학교에서 가장 많이 사용하는 사이트는 디비피아다. 디비피아에서 논문을 검색하여 키워드를 찾는 방법에 대해 알아보겠다.

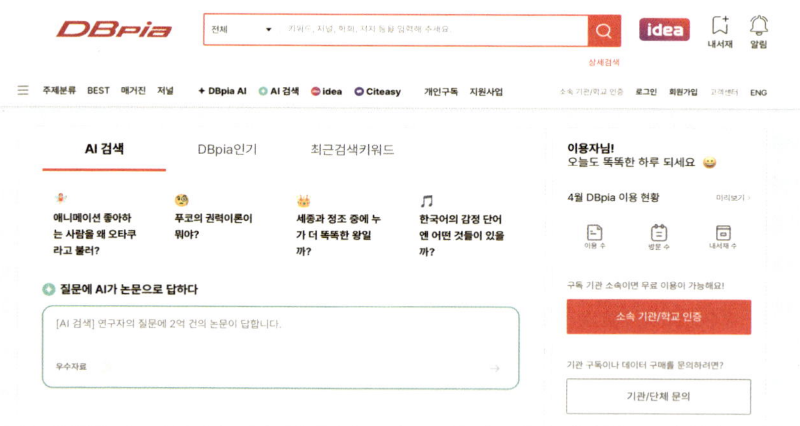

출처: 디비피아

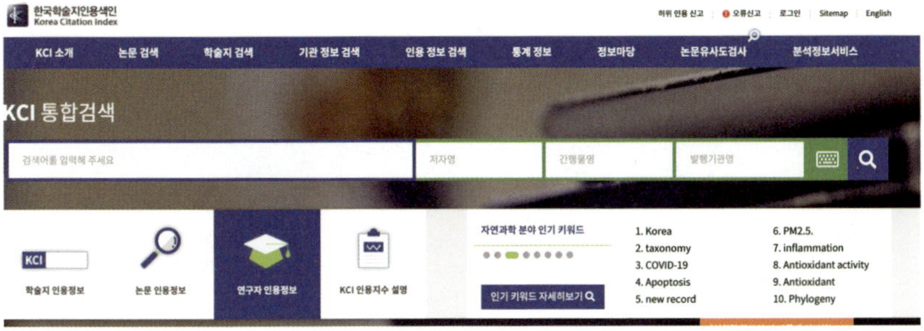

출처: KCI

출처: RISS

출처: 구글

이 사이트들 중 학교에서 가장 많이 사용하는 것은 디비피아이다. 각 학교마다 계정이 있거나 학교 와이파이를 이용해 무료로 사용할 수 있다.

메인페이지에서 검색창에 자신이 관심 있는 분야를 검색하는 방법도 있으나 가장 쉬운 방법으로는 분야별로 논문을 검색하는 방법이다. 학교계정으로 로그인 후 '주제분류'를 선택하게 되면 계열별로 논문을 검색할 수 있게 된다. 이 중에서 자신의 진로계열을 선택해 본다. 공학 분야를 선택하면 다시 세부적인 전공을 선택할 수 있다. 재료, 에너지공학을 선택해 보겠다.

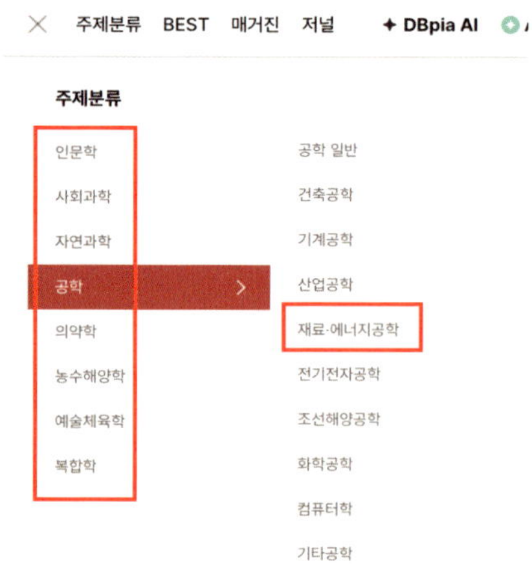

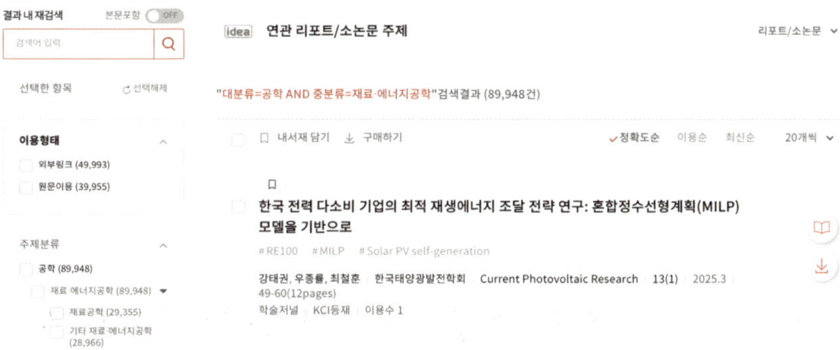

재료, 에너지 공학 분야의 논문 리스트가 정렬된다. 리스트 오른쪽 상단에 있는 전체보기를 누르면 오른쪽과 같이 결과 내 재검색이 가능하고 더 세부적인 항목을 선택할 수 있다. 가장 최근의 논문을 찾거나 검색란에 자신이 관심 있는 분야를 검색하게 되면 논문이 검색되며 이 중에서 관심 있는 논문을 확인한다.

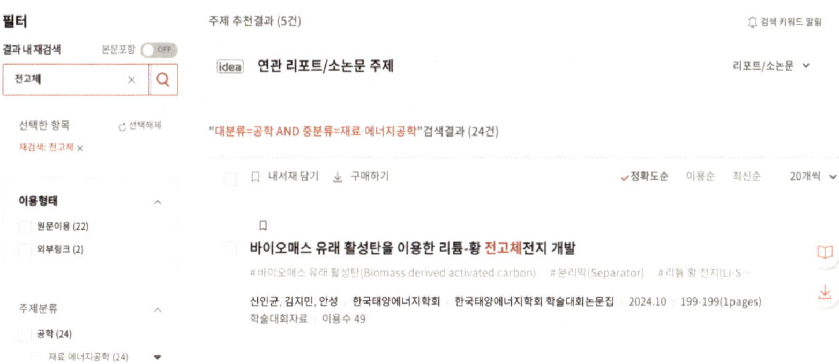

학술지 논문이 아닌 석사, 박사의 졸업논문인 경우 내용의 양이 많기 때문에 학술지 논문을 활용하는 게 좋다. 논문 내용 중 교과목과 연계되는 키워드를 찾아 정리하면 된다.

REC-P-3

바이오매스 유래 활성탄을 이용한 리튬-황 전고체전지 개발

Development of Lithium-Sulfur All Solid-State Batteries Using Biomass-Derived Activated Carbon

신인균*,** 김지민*,** 안성기*,**†
Ingyun Shin*,** Jimin Kim*,** Seongki Ahn*,**†
*한경국립대학교 화학공학전공, **한경국립대학교 화학기술연구소

Abstract : 본 연구에서는 바이오매스인 폐우유를 활용하여 높은 비표면적을 갖는 다공성 탄소를 제조하였다. 기존 연구와의 차별점은, 탄화 공정과 활성화 공정을 하나로 통합하여, 더 짧은 시간 안에 470 m^2 g^{-1}의 높은 비표면적을 갖는 활성탄소를 제조할 수 있었다는 점이다. 이렇게 제조된 활성탄소는 리튬-황 전고체전지의 황 양극 담지체로 사용되었으며, 전고체 전해질은 UV 광중합을 통해 제조되었다. 3차원 가교제를 첨가제로 사용하여 기존의 고분자 전해질보다 더 안정적인 구조를 가진 고분자 고체 전해질을 만들었다. BET 분석을 통해 활성탄소가 2~50nm 크기의 Mesoporous 기공 분포를 가지고 있음을 확인하였다. 전기화학적 특성을 평가하기 위해 활성탄과 황의 비율을 1:1에서 1:4로 조절하여 최적화를 진행한 결과, 1:3의 비율에서 가장 많은 양의 황이 담지되는 것을 확인하였다. 1:3 비율로 조절된 황 양극을 이용한 리튬-황 전고체전지는 0.1 C-rate 조건에서 초기 용량이 406.12 mAh g^{-1}이었으며, 95% 이상의 우수한 쿨롱 효율을 보임을 확인하였다.

Key Words : 바이오매스 유래 활성탄(Biomass derived activated carbon), 분리막(Separator), 리튬 황 전지(Li-S battery)

†Corresponding author, E-mail: skahn@hknu.ac.kr

후 기

이 성과는 한경국립대학교 공동실험실습관의 지원을 받아 수행된 연구임.

키워드

바이오매스, 폐우유, 다공성탄소, 탄화공정, 활성화 공정, 활성탄소
리튬-황 전고체전지, 양극 담지체, UV광중합, Mesoporous 기공 분포
바이오매스 유래 활성탄, 분리막, 리튬-황 전지

이처럼 자신의 진로, 관심분야의 논문에서도 탐구주제를 선정하기 위한 키워드를 찾아낼 수 있다. 논문의 경우 전문적인 내용이 많아 전체를 이해하기는 힘들지만 최신 논문의 제목과 키워드에서 자신만의 탐구 주제를 만들어 갈 수 있다.

2. 질문을 만들기 위한 내용 정리하기

자신이 찾은 교과 단원의 내용을 읽어보고 간략하게 요약하여 단원의 주제가 무엇인지 파악해야 한다. 단원의 내용에 따라 자신이 탐구하고자 하는 주제에 영향을 미칠 수도 있다. 또한 교과에서 찾은 진로와 연계된 또는 관심 있는 키워드 중 하나를 선택하여 기사 또는 논문을 검색하여 내용을 요약하여야 한다. 교과를 요약하는 방법은 다음과 같다.

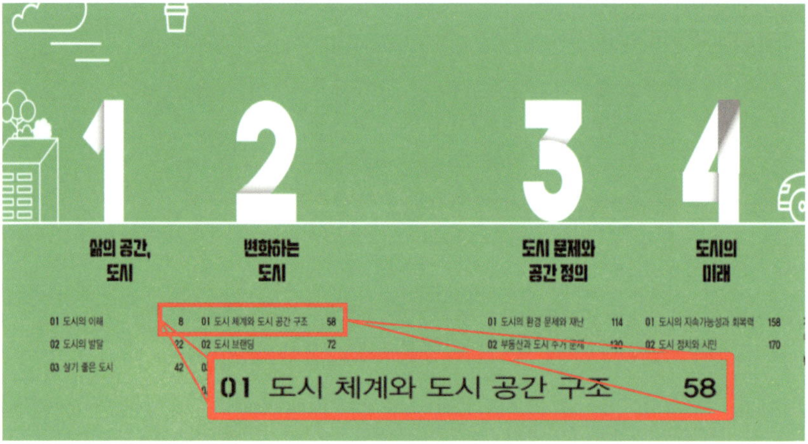

1 삶의 공간, 도시

2 변화하는 도시

3 도시 문제와 공간 정의

4 도시의 미래

변화하는 도시

01

도시 체계와 도시 공간 구조

1 도시 체계

도시 간 상호 작용과 교류

다른 국가의 도시 간 상호 작용 사례, 영화 아웃소스드(Outsourced)

58

59

교과서 내용 정리

2-1. 도시 체계와 도시 공간 구조

도시의 재화와 서비스는 주민뿐만 아니라 도시 주변의 주민들도 이용한다. 도시들은 크기에 따라 대도시, 중소도시로 나뉘는데 필요에 따라 상호 교류를 통해 서로 영향을 주고받는다. 도시 내의 부족한 기능을 다른 도시들을 통해 충족하기도 한다.

국내에서 대표적으로는 부산, 양산, 김해를 들 수 있다. 부산에 집중되었던 도시 기능들이 김해, 양산으로 분담되고 주거지, 제조업, 공업 등 여러 산업 기능이 김해와 양산으로 이전하였다.

도시는 규모와 상관없이 상호 교류, 상호 보완하는 관계이며 도시의 목적에 따라 새로 만들어지거나 보완되기도 한다.

3. 탐구의 목적 및 필요성

탐구보고서를 쓰기 위해 가장 먼저 해야 할 일은 바로 "왜 이 주제를 선택했는지", "이 주제가 왜 중요한지"를 스스로에게 묻는 것이다. 그렇기 때문에 목적과 필요성을 작성한 뒤 질문을 만들게 되는데 질문 이전에 탐구의 목적과 필요성을 스스로에게 질문해 보아야 한다.

탐구의 목적이란, 내가 이 주제를 선택하게 된 개인적인 동기와 흥미를 구체적으로 설명하는 것이다. 이는 단순한 관심을 넘어, 어떤 궁금증에서 시작되었고, 무엇을 알고 싶어서 이 주제를 정하게 되었는지를 전달하는 역할을 한다.

예를 들어, 스마트폰을 자주 사용하는 자신과 친구들의 모습을 관찰하며, SNS 사용이 학업 집중력에 어떤 영향을 미치는지에 대한 의문이 들었다면, 이 질문이 바로 탐구의 목적이 될 수 있다.

사례

"최근 나를 포함한 많은 청소년들이 SNS를 자주 사용하는 모습을 보며, SNS 사용이 우리의 일상과 정서에 어떤 영향을 미치고 있는지 궁금해졌다. 이에 따라 SNS 사용 빈도와 행복감 사이의 관계를 알아보고자 한다."

탐구의 목적을 위해 이 질문을 스스로에게 던져 보자.

- 관심을 갖게 된 계기는 무엇인가?
- 내가 알고 싶은 것은 무엇인가?
- 탐구를 통해 어떤 의문을 해결하고 싶은가?

탐구의 목적이 개인적인 궁금증에서 출발했다면, 탐구의 필요성은 사회적, 교육적, 혹은 실용적 측면에서 중요성을 설명하는 것이다.

'이 탐구가 나와 다른 사람들에게 어떤 의미와 가치를 지니는가?'에 대해 설득력 있게 설명하는 부분이다.

탐구의 필요성은 보고서를 읽는 사람들에게 "왜 이 주제를 알아야 하는가?"라는 질문을 던졌을 때 그에 대한 답이 되어야 한다.

환경문제를 주제로 삼았다면, 해당 주제가 현재 사회에서 얼마나 심각한 문제로 여겨지며, 이에 대한 관심과 해결이 왜 필요한지를 강조할 수 있어야 한다.

사례

> '플라스틱 사용이 일상화되면서 폐플라스틱으로 인한 환경오염이 전 세계적인 문제로 대두되고 있다. 하지만 여전히 많은 사람들이 플라스틱의 재활용 가능성과 그 기술에 대해 잘 알지 못하는 상황이다. 이에 따라 폐플라스틱 재활용 기술에 대해 탐구함으로써, 환경 보호에 기여할 수 있는 실질적인 방안을 모색하고자 한다.'

탐구의 필요성을 작성할 때에는 다음과 같은 질문을 스스로에게 해보자.

- 사회적으로 어떤 의미를 가지는가?
- 사람들이 이 분야에 대해 충분히 알고 있는가?
- 이 탐구가 나와 주변 사람들에게 어떤 도움을 줄 수 있는가?

4. 탐구질문 3가지 정하기

탐구 질문의 중요성

탐구보고서 작성에 있어 탐구 질문은 보고서의 나침반이자 설계도와 같다. 제대로 된 탐구 질문을 만드는 것은 탐구보고서의 수준을 결정하는 중요한 요소 중 하나이다.

가. 탐구의 명확한 방향 제시

탐구 질문이 없으면 막연하게 자료만 찾다가 시간만 허비하기 쉽지만, 명확한 질문이 있으면 어떤 정보를 찾아야 할지, 어떤 실험이나 조사를 해야 할지 정확하게 알 수 있다. 탐구 질문은 어떤 정보를 찾아야 하는지, 그리고 수집한 정보를 어떻게 분류하고 분석해야 하는지에 대한 명확한 기준을 제공한다. 질문과 관련 없는 정보는 과감히 배제하고, 질문에 답하는 데 필요한 정보만을 집중적으로 찾아내어 효율적인 탐구를 가능하게 한다. 예를 들어, "청소년들의 스마트폰 과의존이 학업 성취도에 미치는 영향은 무엇인가?"라는 질문은 학업 성적, 스마트폰 사용 시간, 집중력 등과 관련된 자료를 수집하고 분석하도록 유도한다.

나. 가설 설정 및 검증의 출발점

탐구 질문은 종종 가설 설정의 출발점이 된다. 탐구 질문에 대한 잠정적인 답변을 가설로 설정하고, 이 가설이 맞는지 틀리는지 탐구 과정을 통해 검증하게 된다. 가설을 세우고 검증하는 과정은 탐구보고서의 과학적이고 논리적인 구조를 만드는 데 기여한다.

다. 논리적인 보고서 구성의 기반

탐구 질문은 보고서의 본론을 구성하는 데 있어 핵심적인 역할을 한다. 탐구 질문을 통해 연구의 목적을 명확히 하고, 질문에 대한 답을 찾아가는 과정을 본론에 논리적으로 담아낼 수 있다. 또한, 결론에서는 탐구 질문에 대한 최종적인 답변과 그 과정에서 얻은 인사이트를 제시하게 되므로, 탄탄한 보고서의 뼈대를 세우는 데 필수적이다.

일상생활에서 쉽게 접할 수 있는 케라틴(Keratin)을 예시로 들어 탐구 질문을 도출해 보자. 케라틴은 모발과 손톱의 주성분이며, 우리 주변의 다양한 생물체에서도 발견되는 흥미로운 단백질이다. 기존의 지식을 바탕으로 '무엇이, 어떻게, 왜'와 같은 질문을 던지면서 탐구의 깊이와 범위를 확장할 수 있다. 단, 탐구 질문 작성 시 주의할 점은 탐구 주제에서 벗어나는 질문을 하지 않도록 한다는 것이다.

탐구 질문이 주제와 동떨어져 있다면, 보고서의 내용이 산만해지고 결국 원하는 결론을 도출하기 어려워진다.

예를 들어, '케라틴'을 탐구 키워드로 설정했다면, 모든 질문은 케라틴의 특성, 기능, 변화 등에 초점을 맞춰야 한다.

〈올바른 탐구 질문의 예시〉

1. 케라틴의 아미노산 배열은 어떻게 구성되어 있으며, 그 배열이 모발과 손톱의 강도와 유연성에 어떤 영향을 미치는가?
2. 열, 화학 처리, 자외선 등 외부 요인이 케라틴 단백질의 구조에 미치는 영향은 무엇인가?
3. 알파 케라틴과 베타 케라틴은 어떤 구조적 차이를 가지며, 각각 피부와 모발에서 어떻게 다른 기능을 수행하는가?

이 질문들은 모두 케라틴의 구조, 기능, 외부 요인에 의한 변화, 또는 유형별 차이 등 케라틴이라는 주제 범위 내에서 심화된 탐구를 유도한다.

〈탐구 주제에서 벗어나는 탐구 질문의 예시〉

1. 인체 내에서 단백질이 소화되는 과정은 무엇인가?
2. 모발 성장에 필수적인 영양소는 무엇이며, 영양 결핍이 탈모에 미치는 영향은 어떠한가?
3. 손톱 무좀의 발생 원인과 효과적인 치료법은 무엇인가?

이 질문들은 언뜻 모발이나 손톱과 관련이 있는 것처럼 보이지만, 우리의 탐구 키워드인 '케라틴 자체'에서 벗어나 너무 광범위한 생체 내 단백질 소화 과정, 영양학, 또는 질병 치료법으로 확장된다. 물론 이들도 흥미로운 질문이지만, '케라틴'을 키워드로 탐구보고서를 작성할 때에는 적합한 탐구 질문이라고 볼 수 없다. 이런 질문들은 별도의 탐구 주제로 다루어져야 한다.

5. 탐구 질문 관련 자료 수집

탐구 질문에 대한 답을 찾기 위해서는 다양한 종류의 신뢰할 수 있는 자료들을 폭넓게 탐색해야 한다. 각 자료 유형마다 제공하는 정보의 깊이와 특성이 다르므로, 질문의 성격에 맞춰 적절히 활용하는 것이 중요하다. 주요 자료 유형 및 특징은 다음과 같다.

가. 도서

교과서를 비롯한 전문 서적은 해당 분야의 기본적인 개념, 원리, 이론을 체계적이고 심층적으로 설명한다. 특정 주제에 대한 기초 지식을 쌓고 전체적인 맥락을 이해하는 데 가장 적합하다. 주제와 관련된 서적을 찾으면 목차와 찾아보기를 빠르게 훑어보면서 필요한 내용이 있는지 확인한다.

질문	케라틴의 아미노산 배열은 어떻게 구성되어 있으며, 그 배열이 모발과 손톱의 강도와 유연성에 어떤 영향을 미치는가?
선정 이유	단백질의 특성은 이를 구성하는 아미노산의 종류와 배열 방식에 의해 결정된다. 특히 케라틴의 경우, 시스테인 아미노산이 형성하는 이황화 결합은 케라틴의 3차원 구조적 안정성과 견고함에 결정적인 역할을 한다. 이러한 아미노산 배열과 특정 결합 방식이 모발의 탄력성, 유연성, 그리고 손톱의 단단함과 같은 물리적 특성을 어떻게 부여하는지 밝혀내는 것은 케라틴의 생물학적 기능을 이해하는 데 필수적인 출발점이라고 생각한다.
근거 자료	(도서) 10만 종의 단백질 - 우리 몸에서 가장 중요한 부품, 아이뉴턴편집부, ㈜아이뉴턴.

나. 논문

논문은 특정 주제에 대한 최신 연구 결과, 심화된 분석, 실험 데이터 등을 제공하는 가장 신뢰도 높은 자료이다. 일반적인 사실보다는 특정 가설을 검증하거나 새로운 사실을 밝히는 데 중점을 둔다. RISS, DBpia, KISS 등 국내 학술 데이터베이스에서 키워드로 검색한다.

논문에서 자료를 찾을 때 가장 먼저 논문 제목을 확인한다. 제목은 논문의 핵심 내용을 가장 간결하게 요약한 부분이다. 내 탐구 주제와 관련된 키워드가 제목에 포함되어 있는지 살펴본다. 제목으로 1차 선별을 했다면, 다음은 초록(Abstract)을 정독한다. 초록은 논문 전체 내용을 압축해 놓은 요약본이다. 이 부분만 잘 읽어도 논문의 목적,

연구 방법, 주요 결과, 결론까지 파악할 수 있다.

- 논문의 초록을 읽으면서 확인할 내용

-이 논문이 무엇을 밝히고자 하는가?

-내 탐구 질문과 연관성이 있는가?

-실험, 시뮬레이션, 문헌 분석 등 어떤 방식으로 연구를 수행했는가?

-특정 실험 방법 등 내 탐구에 필요한 정보를 얻을 수 있는가?

-연구를 통해 어떤 사실을 알아냈는가?

-내 탐구 질문에 직접적인 답변이 될 만한 내용이 있는가?

질문	열, 화학 처리, 자외선 등 외부 요인이 케라틴 단백질의 구조에 미치는 영향은 무엇인가?
선정 이유	모발과 손톱은 일상생활에서 다양한 외부 환경 요인(예: 헤어드라이어의 열, 펌 또는 염색약의 화학 물질, 햇빛의 자외선)에 지속적으로 노출된다. 이러한 외부 요인들이 모발과 손톱의 주성분인 케라틴 단백질의 미세 구조에 어떤 변화나 손상을 유발하는지 탐구하고자 한다. 모발의 푸석거림, 끊어짐, 갈라짐 또는 손톱의 약화와 같은 육안으로 확인 가능한 손상의 예방과 관리의 과학적 근거를 제시하고 모발과 손톱의 건강을 유지하는 데 필요한 실질적인 정보를 제공하고자 한다.
근거 자료	(논문) 남개원(2019). 케라틴 펩타이드에 의한 모발 및 두피 특성 변화 연구. 대한화장품학회지, 45(4), 353-361. 이미림(2021). Crodasone W, 실크펩타이드 및 호호바오일의 젤네일 시술에 의한 손상손톱 회복효과. 국내박사학위논문 대구한의대학교 일반대학원.

다. 기사

기사는 전문적인 내용을 일반인이 이해하기 쉽게 풀어쓴 경우가 많다. 과학 전문 저널의 경우, 최신 연구 동향이나 과학적 발견을 빠르게 접할 수 있다. 단, 사이언스온, ETRI 웹진, KOTRA 해외시장뉴스처럼 전문 학술지 기사 또는 공신력 있는 전문 웹사이트 기사를 위주로 선별해야 한다.

자료를 찾을 때마다 반드시 그 출처를 정확히 기록해 두어야 한다. 이는 탐구보고서의 참고문헌 목록을 작성하는 데 필수적이며, 내용의 신뢰성을 확보하는 근거가 된다. 필요에 따라 링크를 첨부할 수도 있다.

질문	알파 케라틴과 베타 케라틴은 어떤 구조적 차이를 가지며, 각각 피부와 모발에서 어떻게 다른 기능을 수행하는가?
선정 이유	케라틴은 단일한 형태가 아닌, 알파(α) 케라틴과 베타(β) 케라틴이라는 두 가지 주요 형태로 존재하며, 이들은 서로 다른 생물종에서 다양한 기능을 수행한다. 인간과 포유류의 모발, 피부, 손톱에서 주로 발견되는 알파 케라틴은 유연하고 탄력적인 나선형 구조를 특징으로 하며, 이는 피부의 신축성과 모발의 유연성에 기여한다. 반면, 새의 깃털이나 파충류의 비늘 등에서 발견되는 베타 케라틴은 견고하고 단단한 판상 구조를 이루어 외부 환경으로부터의 강력한 보호 기능을 수행한다. 이 두 가지 케라틴 유형이 가지는 근본적인 구조적 차이를 규명하고, 이러한 구조적 특성이 어떻게 기능적 차이로 발현되는지 분석하고 싶다.
근거 자료	(기사) [남궁석의 신약연구史]단백질 2차구조 예측, 바이오스펙테이터, 2021-10-18. https://www.biospectator.com/news/view/14414

사례

질문1	자립준비청년은 어떤 경제적, 심리적 어려움을 겪을까?
선정 이유	자립준비청년은 만 18세가 되면 보호소를 떠나야 한다. 당장 머무를 집과 생활비 등 가장 먼저 해결해야 할 문제가 바로 경제적 자립일 것이다. 또한 혼자 모든 걸 결정해야 하는 막막함과 의지할 곳 없는 외로움 등 심리적으로 많은 어려움을 겪을 것으로 예상된다. 자립준비청년의 경제적 어려움과 심리적 어려움에는 어떤 것들이 있는지 구체적으로 알아보고 싶다.
근거 자료	(도서) '안녕, 열여덟 어른', 김성식, 파지트. (기타) 아동권리보장원 아동지원본부 자립지원(2024). 2024년 자립지원 활동 가이드북.

질문2	자립준비청년을 위한 지원 정책에는 어떤 것들이 있을까?
선정 이유	자립준비청년의 경제적, 정서적 어려움을 국가가 어떻게 지원하고 있는지, 지자체나 지역사회에서는 어떠한 도움을 주고 있는지 알고 싶고, 자립준비청년이 이러한 정부의 지원을 제대로 받고 있는지 궁금하다.
근거 자료	(논문) 조소연, 손선옥(2024). 자립준비청년 지원의 사각지대 : 우리나라 정책 현황과 개선 방안을 중심으로. 한국과 국제사회, 8(6), 145-185. 이바름, 조현수(2024). 자립준비청년의 경제교육 경험과 요구에 관한 FGI 연구. 경제교육연구, 31(3), 231-256.

질문3	자립준비청년 지원 정책의 한계는 무엇이고, 자립준비청년의 지속가능한 자립을 위한 방안은 무엇일까?
선정 이유	현재 시행되고 있는 자립준비청년 지원 정책의 한계를 파악하고, 지속가능한 자립을 위한 지원 방안에는 어떠한 것들이 있는지 여러 전문가의 의견을 알아보고 싶다.
근거 자료	(기사) [자립준비청년 홀로서기(下)] 지역사회와 '가깝게 머물기'…선진 제도 핵심은 '정서적 유대', 청년일보, 임혜연, 2022.08.28. https://youthdaily.co.kr/news/article.html?no=109640 (논문) 조소연, 손선옥(2024). 자립준비청년 지원의 사각지대 : 우리나라 정책 현황과 개선 방안을 중심으로. 한국과 국제사회, 8(6), 145-185.

6. 주제 확정하기

가. 주제 제목 형식

탐구보고서의 주제는 탐구의 범위와 대상을 명확히 설정하여, 보고서의 내용을 예측할 수 있도록 구성하는 것이 바람직하다.

사례

〈주제 제목 형식〉

'○○고등학교 학생들의 스마트폰 사용 실태 분석 및 중독 예방 방안에 관한 탐구'
주제의 대상과 탐구 범위가 구체적으로 제시되어 있어 명확하다.

'급증하는 노인 우울증: 지역사회 청소년과의 연대를 통한 우울증 해결 방안'
특정 문제 상황을 제시하고, 그에 대한 해결책을 모색하는 형식도 효과적이다. 이러한 구조는 독자의 관심을 유도하고 탐구의 방향성을 분명히 제시하는 데 도움이 된다.

반면, 지나치게 길고 복잡한 제목이나, 너무 일반적이고 추상적인 표현이 담긴 주제는 피하는 것이 좋다.

나. 탐구 주제 확정 시 확인 사항

1) 선정 이유

단순히 과제를 위한 주제 선정에서 벗어나, 스스로 문제의식을 느끼고 깊이 있게 탐구하고자 하는 명확한 동기가 있어야 한다. 탐구 동기는 보고서 작성 과정 전반에 걸쳐 추진력을 제공하며, 어려움을 극복하고 심도 있는 결과를 도출하는 데 중요한 역할을 한다.

2) 진로 연계

주제에 대한 충분한 흥미가 나타나 있고 희망 진로와 관련 있는 주제는 진로 탐색 및 심화 학습의 기회를 제공해 준다.

3) 난이도

주제의 난이도가 고등학교 수준에 적합한지 판단해야 한다. 지나치게 어렵거나 전문적인 내용은 탐구 과정에 어려움을 초래할 수 있으며, 반대로 너무 쉬운 주제는 깊이 있는 탐구를 어렵게 할 수 있다.

4) 창의성

기존 연구나 자료를 단순히 요약하는 수준을 넘어, 새로운 관점에서 문제를 제기하거나 창의적인 해결 방안을 모색할 수 있는 주제를 선정하는 것이 바람직하다. 참신한 아이디어는 탐구보고서의 가치를 높이고, 창의적 사고 능력을 향상시킬 수 있다.

5) 자료 수집

고등학생으로서 접근 가능한 범위 내에서 충분한 자료를 수집할 수 있는 주제를 선정해야 한다. 문헌 조사, 설문 조사, 실험, 인터뷰 등 다양한 방법으로 필요한 정보를 얻을 수 있는지 현실적으로 검토해야 한다.

6) 해결 가능성

모둠원들의 능력과 지식을 고려하여 해결 가능한 주제를 선정해야 한다. 모둠원 간 협력과 역할 분담을 통해 시너지 효과를 창출할 수 있는 주제를 선택하는 것이 중요하다.

목록	주제 확정 체크 리스트				
시간 계획	□1학기	□1달	□2주	□1주	□1일
진로 연계	□5점	□4점	□3점	□2점	□1점
난이도	□5점	□4점	□3점	□2점	□1점
창의성	□5점	□4점	□3점	□2점	□1점
선정 이유	□5점	□4점	□3점	□2점	□1점
자료 수집	□5점	□4점	□3점	□2점	□1점
해결 가능성	□5점	□4점	□3점	□2점	□1점

7. 본론 목차 작성하기

본론 목차는 탐구 질문과의 연계성을 고려하여 탐구 질문에 대한 형식을 구성할 수 있도록 한다. 그리고 각 소목차들이 꼬리질문이 될 수 있도록 하나의 스토리를 이루듯 논리적인 흐름을 유지해야 한다. 또한, 큰 목차(제목)를 먼저 잡은 후, 그 아래에 소목차(소제목)를 두어 내용을 점차 구체화하는 방식으로 구성한다.

이 과정에서 맥락을 유지하는 것이 매우 중요하다.

사례

〈본론 목차의 예시 ①〉

주제: 케라틴 단백질의 구조 및 기능 - 모발 및 손톱 특성 변화와 외부 유해 요인의 영향을 중심으로

I. 이론적 배경
  1. 단백질의 정의
  2. 케라틴의 아미노산 배열과 기본 구조 형성
  3. 알파 케라틴과 베타 케라틴의 구조적 차이 및 분포

II. 케라틴 구조가 모발 및 손톱 특성에 미치는 영향 분석
  1. 모발의 강도와 유연성에 기여하는 케라틴의 구조적 요인
  2. 손톱의 단단함과 보호 기능에 기여하는 케라틴의 구조적 요인

III. 외부 유해 요인이 케라틴 단백질 구조에 미치는 영향
  1. 열 처리(드라이어, 고데기)가 케라틴 구조에 미치는 영향
  2. 화학 처리(펌, 염색)가 케라틴 구조에 미치는 영향
  3. 자외선 노출이 케라틴 구조에 미치는 영향

〈본론 목차의 예시 ②〉

주제: 자립준비청년의 지속가능한 자립 지원 방안 탐구

Ⅰ. 이론적 배경
1. 자립지원 활동 대상의 개념
2. 자립준비청년의 개념

Ⅱ. 주요 자립지원 정책 현황과 한계
1. 경제적 지원 정책과 한계
2. 심리 · 정서적 지원 정책과 한계
3. 주거 지원 정책과 한계

Ⅲ. 자립준비청년의 지속가능한 자립 지원 방안
1. 경제 자립 및 경제 안정을 위한 경제 및 금융 교육 강화
2. 심리 · 정서적 지원 확대
3. 가정위탁 중심의 보호 체계 전환 및 지역사회 자원 활용

Step Ⅲ

탐구보고서 작성

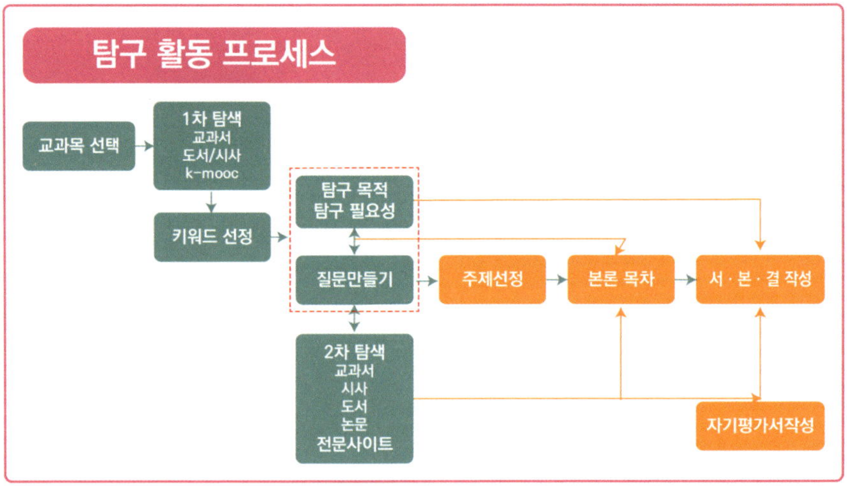
탐구 활동 프로세스
교과목 선택
1차 탐색
교과서
도서/시사
k-mooc
키워드 선정
탐구 목적
탐구 필요성
질문만들기
2차 탐색
교과서
시사
도서
논문
전문사이트
주제선정
본론 목차
서 · 본 · 결 작성
자기평가서작성

memo

Step Ⅲ

탐구보고서 작성

1. 서론 작성법

탐구보고서의 첫인상을 결정짓는 서론 도입부는 독자의 흥미를 유발하고 탐구 주제의 중요성을 부각하는 핵심적인 부분이다. 효과적인 도입부는 탐구의 배경, 목적, 필요성을 간결하고 명확하게 제시하여 독자가 보고서의 내용을 이해하고 몰입할 수 있도록 돕는다.

즉 서론 부분의 30% 이상을 차지하는 이유는 독자를 사로잡는 매혹적인 부분이기 때문이다.

마치 책의 프롤로그나 영화의 강렬한 오프닝 시퀀스와 같다. 단 몇 줄의 글로 독자의 호기심을 자극하고, 탐구 여정에 함께하고 싶다는 강렬한 열망을 불러일으켜야 한다. 단순히 배경, 목적, 필요성을 나열하는 것을 넘어, 독자의 마음속에 "왜 이 이야기에 귀 기울여야 할까?"라는 질문에 대한 매력적인 답을 제시해야 한다.

가. 접근방식과 예시

1) 흥미로운 현상 제시

일상 속의 놀라운 발견으로 시작하는 것이 좋다. 평소 무심코 지나쳤던 현상이나 궁금증을 제시하며 독자의 공감을 얻는다면, 탐구의 출발점을 흥미롭게 만들 수 있다. 마치 명탐정의 눈으로 주변을 관찰하는 듯한 느낌으로 임팩트를 주는 것이다.

사례

최근 몇 년간 스마트폰 사용 시간이 급격히 증가하면서 청소년들의 수면 부족 문제가 심각한 사회적 문제로 대두되고 있다. 과연 스마트폰 사용은 청소년들의 수면의 질에 어떠한 영향을 미치는 것일까?

우리가 매일 사용하는 스마트폰 화면은 수많은 세균의 온상일 수 있다. 깨끗해 보이는 액정 뒤에 숨겨진 미생물의 세계, 과연 안전할까?

우리가 매일 마시는 공기 중에는 눈에 보이지 않는 수많은 미세먼지가 떠다니고 있다. 이러한 미세먼지는 인체에 다양한 악영향을 미치는 것으로 알려져 있는데, 특히 성장기 청소년들에게는 더욱 심각한 위협이 될 수 있다. 본 연구는 학교 주변 대기 중 미세먼지 농도를 측정하고, 학생들의 호흡기 건강과의 연관성을 탐구하고자 한다.

2) 사회적 이슈 제기

충격적인 통계나 흥미로운 사실을 제시함으로써 독자의 예상을 깨는 데이터나 흥미로운 정보를 던져 주의를 집중시키고, 탐구 주제의 중요성을 강렬하게 각인시키는 방법이다. 이 방법은 진로계열이 사회과학이나 언론, 통계 등 사회적 현상을 탐구하고자 할 때 사용하면 좋다.

사례

지구 온난화로 인한 해수면 상승은 몰디브와 같은 저지대 국가들의 존립을 위협하는 심각한 문제이다. 이러한 기후 변화는 단순히 환경적인 문제를 넘어 사회, 경제, 문화 등 다양한 영역에 걸쳐 광범위한 영향을 미치고 있다. 본 보고서는 기후 변화의 심각성을 알리고, 지속 가능한 에너지 사용의 중요성을 강조하고자 한다.

매년 버려지는 플라스틱 쓰레기의 양은 에펠탑을 8만 번 쌓을 수 있는 무게와 맞먹는다고 한다. 이 거대한 쓰레기 더미가 우리의 미래에 던지는 메시지는 무엇일까?

인공지능 기술은 이미 우리 생활 깊숙이 들어와 있으며, 의료, 금융, 교육 등 다양한 분야에서 혁신적인 변화를 가져오고 있다. 하지만 동시에 일자리 감소, 프라이버시 침해 등 윤리적인 문제 또한 제기되고 있다. 본 연구는 인공지능 기술의 발전과 함께 제기되는 윤리적 쟁점들을 분석하고, 바람직한 인공지능 기술의 발전 방향을 모색하고자 한다.

3) 개인적인 경험이나 의문 제시

질문으로 호기심을 자극하면서 독자 스스로 생각하고 참여하도록 유도하는 질문은 강력한 몰입감을 선사한다. 특히 평상시에 충분히 경험할 수 있었던 부분이라면 더욱 공감대를 형성할 수 있다. 이때는 탐구 주제에 대한 궁금증을 질문으로 던져 독자가 답을 찾아가는 여정에 동참하도록 이끌어보는 것도 하나의 방법이다.

사례

평소 즐겨 마시는 커피에는 카페인이라는 성분이 함유되어 있다. 문득 '카페인은 우리 몸에 어떤 영향을 미칠까?'라는 궁금증이 생겼고, 이를 과학적으로 탐구해 보고 싶었다. 본 보고서는 카페인이 인지 능력과 신체 반응 속도에 미치는 영향을 실험을 통해 알아보고자 한다.

만약 식물이 인간처럼 감정을 느낄 수 있다면 어떨까? 우리가 무심코 밟는 풀잎 하나에도 특별한 이야기가 숨겨져 있을지도 모른다.

학교 텃밭에서 키우는 토마토가 유독 어떤 구역에서만 잘 자라는 것을 관찰하게 되었다. 혹시 흙의 성분이나 햇빛의 양에 차이가 있는 것은 아닐까라는 생각에 이르게 되었고, 토양 환경이 식물 성장에 미치는 영향을 탐구해 보고자 한다.

위의 예시처럼 탐구자의 진솔한 경험이나 에피소드는 독자에게 친근하고 인간적인 매력을 어필하며 공감대를 형성할 수 있다. 즉 우리 주변에서 흔히 발견할 수 있는 경험이 탐구주제의 소재가 될 수 있는 것이다.

4) 기존 연구나 통계 자료 인용

미래 사회의 변화나 예측을 제시하면서 시작할 때 유용한 방법으로서 미래트렌드를 어필하면서 현재의 탐구가 미래에 어떤 영향을 미칠지 제시하며 독자의 시야를 넓히고, 탐구의 가치를 더욱 의미 있게 만들 수 있음을 강조하는 방법이다. 이 방법은 자연과학이나 공학 등에서 사용하면 좋은 방법이며 가능하다면 기존연구의 한계점을 이용하여 가설을 세운 후 실험을 실시하면 더욱 깊이 있는 탐구보고서를 작성할 수 있는 방법이기도 한다. 이때는 필요에 따라 신뢰할 수 있는 통계 자료나 기존 연구 결과를 인용하여 주장의 신뢰성을 높일 수 있다.

사례

최근 교육부의 발표에 따르면, 고등학생들의 학업 스트레스 지수가 지속적으로 높은 수준을 유지하고 있는 것으로 나타났다. 선행 연구들은 이러한 학업 스트레스가 학생들의 정신 건강뿐만 아니라 학업 성취도에도 부정적인 영향을 미친다고 보고하고 있다. 본 연구는 고등학생들의 학업 스트레스 요인을 분석하고, 스트레스 해소 방안을 탐색하고자 한다.

세계보건기구(WHO)의 보고서에 따르면, 전 세계적으로 플라스틱 쓰레기 문제가 심각한 수준에 이르렀으며, 해양 생태계에 막대한 피해를 주고 있다. 이에 본 연구는 학교 주변에서 발생하는 플라스틱 쓰레기의 종류와 양을 조사하고, 플라스틱 재활용 방안에 대한 학생들의 인식을 알아보고자 한다.

특히 도입부의 내용은 자연스럽게 탐구 주제로 이어지도록 구성해야 하며 보고서를 읽을 대상을 고려하여 용어와 내용의 수준을 조절하는 것도 잊지 않도록 주의하기 바란다. 핵심은 'Why should I care?'에 대한 설득력 있는 답변이다. 단순히 정보를 전달하는 것이 아니라, 독자의 마음을 움직여야 한다. 이 탐구가 왜 중요하고, 왜 흥미로운지, 그리고 왜 그들의 시간과 관심을 투자할 가치가 있는지 명확하게 어필해야 한다.

나. 서론작성법의 분류

탐구보고서의 첫 페이지는 독자를 탐구의 세계로 초대하는 문과 같다. 흥미로운 도입부는 독자의 호기심을 자극하고, 탐구 주제의 중요성을 각인시켜 보고서에 대한 기대감을 높일 수 있기 때문이다. 마치 잘 쓰인 소설의 첫 장처럼, 독자를 사로잡는 매력적인 서론을 작성하는 방법을 알아보자.

1) 문제(논제) 제시

본격적인 탐구의 시작은 바로 "무엇을 탐구할 것인가?"라는 명확한 질문을 던지는 것이다. 이는 탐구보고서의 핵심 뼈대를 이루는 부분으로, 서론에서 명확하게 제시되어야 앞으로 진행될 논의 방향을 설정하고 독자의 이해를 도울 수 있다. 마치 항해의 시작점에서 나침반이 방향을 제시하듯, 문제 제기는 탐구의 목표점을 분명히 하는 데 도움이 된다.

본론에서 심도 있게 논의할 핵심 질문, 즉 탐구하고자 하는 문제(논제)를 명확하게 제시한다. 이 부분은 보고서 진행 시 본론의 목차를 작성하는 뼈대가 된다고 할 수 있다.

자연과학

"서로 다른 종류의 퇴비가 상추의 생장 속도와 수확량에 미치는 영향은 무엇일까?"
"카페인 용액의 농도 변화는 식물의 잎 색깔 변화에 어떤 상관관계를 보일까?"
"학교 운동장 주변의 토양 pH 농도는 식물 생태계에 어떤 영향을 미칠까?"
"발효 온도와 시간에 따른 김치의 유산균 수 변화는 어떻게 나타날까?"
"다양한 재질의 마스크가 미세먼지 차단 효율에 미치는 차이는 무엇일까?"

사회과학

"학교 급식 메뉴 만족도가 학생들의 점심 식사 잔반량에 미치는 영향은 무엇일까?"
"지역 축제 참여도가 높은 지역 주민들의 공동체 의식 향상이 경제적 이익에 미치는 효과는 어느 정도일까?"
"소셜 미디어의 댓글 유형이 청소년들의 자존감에 미치는 영향은 무엇일까?"
"학교 내 학생 자치 활동 참여 경험이 민주 시민 의식 함양에 미치는 영향은 무엇일까?"

인문학

"조선 시대 문학 작품에 나타난 자연관의 특징은 무엇이며, 현대 사회에 주는 시사점은 무엇일까?"
"특정 시대의 대중가요 가사에 반영된 사회상은 어떻게 변화해 왔을까?"
"지역별 방언의 특징은 그 지역 사람들의 사고방식에 어떤 영향을 미칠까?"
"고전 소설 주인공의 갈등 양상을 통해 인간 본성의 어떠한 측면을 탐구할 수 있을까?"
"특정 건축 양식에 담긴 시대적, 문화적 의미는 무엇일까?"

위 예시처럼, 탐구보고서의 출발점은 명확하고 구체적인 질문에서 시작된다는 것을 알 수 있으며 선정이유를 고민해 본다면 본론조사를 하는 데 많은 도움이 된다. 이 질문은 탐구의 방향을 제시하고, 독자가 보고서의 내용을 따라올 수 있도록 안내하는 중요한 역할을 한다. 다음은 양식지를 사용하여 실제 실습을 했던 사례들이다.

2) 탐구 배경 및 필요성 제시

'독자의 마음을 사로잡는 스토리텔링이다'

서론의 핵심 요소는 화제제시로, "독자의 주의를 끌면서 자기의 의견을 전개하기 위한 도입부"이다. 탐구 배경 및 필요성을 통해 읽는 사람을 사로잡아야 한다. 최근 이슈와 현황을 언급하면서 탐구 주제의 중요성을 강조해야 하며, 스토리 라인이 중요하다.

가) 배경

현재 어떤 이야기가 펼쳐지고 있는지를 나타내는 부분이다.

단순히 탐구 주제를 소개하는 것을 넘어, 독자가 탐구에 관심을 갖도록 배경 이야기를 흥미롭게 풀어내야 한다. 마치 다큐멘터리의 도입부처럼, 현재 사회적으로 주목받는 이슈, 현상, 통계 등을 제시하며 탐구 주제가 왜 중요한 논의 대상인지 설득력을 높인다. 그래서 뉴스 기사, 논문, 관련 서적 등 신뢰할 수 있는 자료를 활용하여 주장의 객관성을 확보하는 것이 중요한 것이다.

사례

최근 언론에서는 인공지능 기술의 급격한 발전과 함께 윤리적 문제에 대한 논의가 뜨겁다. 특히 청소년들의 디지털 기기 사용 시간 증가와 함께 사이버 폭력, 가짜 뉴스 확산 등 다양한 사회적 부작용이 보고되고 있으며, 이는 더 이상 간과할 수 없는 심각한 문제라는 인식이 높아지고 있다. (최근 뉴스 기사 인용)

나) 필요성

탐구의 필요성을 강조하는 단계는 독자에게 "왜 이 탐구가 중요하며, 어떤 의미가 있을까?"라는 질문에 대한 답을 제시하는 과정이다. 탐구 주제가 현재 사회 또는 특정 학문 분야에서 가지는 중요성을 명확히 밝히고, 특히 교과 과정과의 연관성을 언급하여 탐구의 교육적 의미를 강조할 수 있다. 흥미로운 배경 이야기에 이어, 왜 이 탐구를 지금, 여기에서 진행해야 하는지에 대한 절실함을 전달하는 것이 핵심이다.

즉 "왜 지금 이 탐구를 해야 할까요?"의 해답을 찾는 부분이며, 이는 선행 연구 논문의 한계점에서 가설을 세우는 단계로 이어질 수 있다. 특히 공학이나 자연과학 계열에서는 선행 연구의 한계점을 극복하거나 확장하는 가설을 설정하고 이를 증명하는 방법이 탐구의 중요한 동기가 될 수 있다.

〈배경〉

최근 건축 분야에서는 에너지 효율을 높이기 위한 다양한 연구가 활발히 진행되고 있습니다. 특히 건물 외벽 단열재의 성능은 냉난방 에너지 소비를 줄이는 데 중요한 역할을 합니다. 기존 연구에서는 주로 단일 소재 기반의 단열재 열전도율 측정 및 개선에 집중해 왔습니다. (선행 연구 동향 간략히 언급)

〈선행 연구의 한계점〉

하지만 대부분의 선행 연구는 특정 온도 조건에서의 단열 성능만을 평가했으며, 실제 건물 외벽은 계절 변화에 따라 넓은 온도 범위에 노출됩니다. 따라서 단일 온도 조건에서의 연구 결과만으로는 실제 환경에서의 단열 성능을 정확하게 예측하는 데 한계가 있습니다. 또한, 다층 구조의 복합 단열재가 단일 소재 단열재보다 우수한 성능을 보일 가능성이 있음에도 불구하고, 이에 대한 심층적인 연구는 미흡한 실정입니다.

<탐구의 필요성(가설 제시)>

이에 본 연구에서는 다양한 온도 조건(여름철 고온, 겨울철 저온)에서 다층 구조 복합 단열재의 열전도율 변화를 측정하고, 단일 소재 단열재와 비교 분석하고자 합니다. 특히, '다층 구조 복합 단열재는 넓은 온도 범위에서 단일 소재 단열재보다 더욱 안정적이고 우수한 단열 성능을 보일 것이다'라는 가설을 설정하고, 실험적 검증을 통해 그 타당성을 확인하고자 합니다. 본 연구 결과는 실제 건축 환경에 더욱 적합한 고성능 단열재 개발에 기여하고, 건물 에너지 효율 향상에 실질적인 도움을 줄 수 있을 것으로 기대됩니다. 또한, 이는 물리 교과의 열역학 및 물질의 특성 관련 학습 내용을 심화 이해하는 데 중요한 교육적 가치를 지닙니다.

위 예시처럼, 선행 연구의 명확한 한계점을 지적하고, 그 한계점을 극복하거나 확장하려는 구체적인 가설을 제시함으로써 탐구의 필요성을 강력하게 어필할 수 있다. 이는 특히 과학 기술 분야의 탐구보고서에서 설득력을 높이는 효과적인 전략이다.

사례

사이버 폭력은 피해 학생에게 심각한 정신적 고통을 야기하며, 학교폭력의 새로운 형태로 심각한 사회 문제로 인식되고 있다. 특히 정보통신윤리는 정보화 사회의 구성원으로서 갖춰야 할 중요한 덕목이며, 도덕 교과의 핵심 내용과 밀접하게 관련되어 있다. 따라서 청소년들의 사이버 폭력 실태를 정확히 파악하고, 예방 및 대처 방안을 모색하는 것은 매우 시급하고 중요한 과제이다.

탐구 방법(데이터 수집, 분석, 실험, 설문조사 등)을 함께 언급하여 명확히 알려준다. 마치 여행 계획의 목적지처럼, 이 탐구를 통해 무엇을 밝히고, 어떤 결론에 도달하며, 어떤 해결책을 제시할 것인지 간결하게 요약한다.

3) 이론적 배경 및 이전 연구제시

탐구를 진행하기 위해 학습하고 이해한 핵심 이론들을 간결하게 정리하여 제시한다. 이는 탐구의 학문적 깊이를 더하고, 탐구 결과를 해석하는 기초 지식을 제공한다. 탐구 주제와 관련된 교과 과정 내용을 먼저 언급하고, 심화 학습을 통해 얻은 전문적인 이론을 연결하여 논리적인 흐름을 만드는 것이 중요하다. 마치 건물을 짓기 전 튼튼한 기초 공사를 하는 것과 같다고 생각되는 부분이다.

사례

"본 탐구를 이해하기 위해서는 정보통신윤리의 기본 개념, 사이버 폭력의 유형과 특징, 청소년 심리 발달 단계에 대한 이해가 필수적이다. (윤리 교과 관련 내용 언급) 또한, 사회학 및 심리학 분야에서 논의되는 공격성 이론, 사회학습 이론 등을 통해 사이버 폭력 발생의 심리사회적 메커니즘을 이해할 수 있다."

이론적 배경은 탐구 활동을 하기 위해 공부한 것들을 정리해서 기입하면 된다. 해당 내용의 기반이 되는 교과과정을 먼저 적고 조사한 심화적인 내용을 연계해서 적으면 된다.

선행조사를 통해 탐구주제가 최근에도 연구되고 있는 주제라는 점을 어필하고 최근에는 어떠한 연구결과가 있는지에 대해 연구의 흐름을 파악하는 단계로, 탐구 주제와 가장 비슷한 논문을 찾는 것을 추천한다.

문헌조사를 통해 탐구가 이루어지는 탐구보고서의 경우, 이론적 배경에 대한 내용이 많다면 '본론'에서 적어도 된다.

기존 연구자들의 노력과 성과를 보여주는 선행 연구 분석은 자신의 탐구가 새로운 관점을 제시하거나 기존 연구를 확장한다는 점을 강조하는 데 중요한 지표이다. 탐구 주제와 가장 유사한 논문이나 연구 사례를 찾아 분석하고, 기존 연구의 흐름과 한계점을 파악하여 자신의 탐구가 가지는 의의와 차별성을 부각해야 한다. 문헌 조사를 통해 얻은 방대한 이론적 배경은 필요에 따라 서론이 아닌 본론에서 심층적으로 다룰 수도 있다.

앞에서 언급했듯이 이 단계는 논문의 결론 부분의 한계점을 이용하여 실험계획을 세우는 데 좋은 자료가 된다. 저자는 생화학과, 자연과학, 컴퓨터계열에서 이 방법을 적극 추천한다.

사례

기존 연구들은 청소년 사이버 폭력의 심각성과 예방의 중요성을 강조해 왔다. (관련 논문 제목 및 연구 결과 간략히 언급) 특히 XX 연구에서는 사이버 폭력 가해 학생의 심리적 특성을 분석하여 예방 교육의 필요성을 제기했다. 본 연구는 이러한 선행 연구를 바탕으로, 학교 환경 요인이 청소년 사이버 폭력에 미치는 영향을 분석하고, 보다 실질적인 예방 및 개입 방안을 모색하고자 한다.

다. 서론 쓰기의 핵심 3가지 법칙

1) 간결성의 법칙

군더더기는 빼고 깔끔하게 핵심만 적는 것이다. 길이는 딱! 전체 분량의 1/5 이하로! 탐구보고서는 소설이나 에세이가 아니다. 명심해라. 감성적인 표현이나 장황한 설명은 넣어둘 필요가 없다는 사실이다. 마치 잘 편집된 뉴스 기사처럼, 핵심 정보만 간결하고 명확하게 전달하는 것이 중요하다.

문장은 짧고 명쾌하게, 주어-서술어를 명확히 하고, 복잡한 수식어는 최대한 줄여야 한다. 특히 독자가 한 번에 이해할 수 있도록 직관적인 언어를 사용하는 것이 좋다. 마치 레이저 빔처럼, 핵심 메시지를 정확하게 조준해야 한다.

사례

〈길고 일반적인 서술〉

"최근 스마트폰 사용 시간이 증가하면서 청소년들의 수면 부족 문제가 심각한 사회적 문제로 대두되고 있다. 이러한 현상은 단순히 개인의 문제를 넘어 사회 전체의 건강과 생산성에 영향을 미칠 수 있다는 점에서 우려를 낳고 있다."

〈핵심만 간결하게〉

"최근 청소년의 스마트폰 과사용으로 인한 수면 부족은 심각한 사회 문제입니다."

2) 압축의 기술

배경지식, 이론 설명은 딱 필요한 만큼만 쓰고 핵심만 집중 공략해야 한다. 물론 탐구를 위해 공부한 내용이 많겠지만, 서론에서 모든 것을 쏟아낼 필요는 없다. 너무 많은 정보를 나열하면 오히려 독자는 정보 과부하에 걸려 지루함을 느낄 수 있다.

핵심 이론만 압축해서 제시하고 본론에서 심층적으로 다룰 중요한 이론적 배경은 서론에서는 간결하게 요약하여 제시하는 것이 효과적이다. 마치 맛보기 팝콘처럼, 독자의 궁금증을 유발하고 본론에 대한 기대감을 높이는 역할을 해야 한다.

사례

<장황한 배경 설명>

"본 연구에서는 청소년의 수면 부족 문제에 영향을 미치는 다양한 요인들을 분석하고자 한다. 수면의 질은 개인의 신체적, 정신적 건강뿐만 아니라 학습 능력, 정서 조절 능력 등 다양한 측면에 걸쳐 중요한 영향을 미치는 것으로 알려져 있으며, 특히 성장기에 있는 청소년들에게 충분한 수면은 매우 중요한 요소이다."

<탐구의 핵심 목표를 명확하게 압축>

"본 연구는 청소년 수면 부족의 주요 원인을 분석하고, 학업 및 정서에 미치는 영향을 탐구합니다."

3) 내용 포함의 법칙

본론에서 다룰 핵심 내용을 빠뜨리지 말고 본론 미리보기처럼 중요한 내용을 기입한다고 생각해야 한다. 서론은 앞으로 어떤 이야기를 펼쳐나갈지 예고하는 중요한 부분이다. 그래서 본론에서 심도 있게 논의할 핵심 문제, 탐구 대상, 방법, 예상되는 결과 등을 서론에 간략하게 언급해야 한다는 것이다. 이 부분에서 자신의 진로를 어필할 수 있는 것이다.

독자에게 탐구 여정의 로드맵을 제시하고 서론을 통해 독자는 앞으로 어떤 내용을 배우고 어떤 결론에 도달할 수 있을지 미리 짐작할 수 있어야 한다.

마치 여행안내 책자의 미리보기처럼, 흥미로운 정보들을 간략하게 소개하여 독자의 기대감을 높여야 한다.

기억하라. 서론은 탐구보고서의 첫인상이다. 간결하고 명확하면서도 흥미로운 서론은 독자를 탐구의 세계로 성공적으로 이끄는 중요한 첫걸음이 될 것이다. 마치 잘 쓴 게임 튜토리얼처럼, 핵심만 콕콕 집어주면서도 다음 단계로 넘어가고 싶게 만드는 매력이 있어야 한다.

사례

〈너무 자세한 탐구 과정 설명〉

"본 보고서에서는 설문조사를 통해 고등학생들의 수면시간과 수면의 질을 측정하고, 이와 함께 학업 성적 및 스트레스 수준을 분석하여 상관관계를 파악하고자 한다. 또한, 수면 부족 해소를 위한 다양한 방안들을 제시하고, 학교와 가정에서 실천할 수 있는 효과적인 전략들을 모색할 것이다."

〈핵심만 간결하게〉

"본 연구는 고등학생의 수면 부족 실태와 학업 및 스트레스와의 연관성을 분석하고, 효과적인 수면 개선 방안을 제시한다."

결론적으로 서론은 탐구보고서의 첫인상이자 핵심 요약이다. 간결하고 명확하면서도 흥미를 유발하는 서론은 독자를 여러분의 탐구 여정으로 성공적으로 이끄는 가장 강력한 첫걸음이 될 것이다. 마치 잘 만든 게임의 매력적인 시작 화면처럼, 다음 내용을 탐험하고 싶게 만드는 힘을 가져야 한다.

2. 본론 작성법

탐구보고서는 어떤 방법을 사용했느냐에 따라 본론의 구성과 내용이 달라진다. 즉 탐구방법에 따라서 맞춤전략을 세우는 것이 좋다. 자신에게 맞는 탐구 방법을 확인하고, 그에 따른 2차 조사내용에 따라 소단원으로 파트를 나누는 것이 좋다. 우리가 흔히 1500자를 한 번에 쓰기보다는 소단원으로 분리해서 적는 것이 훨씬 수월하기 때문이다.

가. 본론에 들어가야 할 내용

문헌고찰 (이론적 배경)	• 연구주제와 관련되어 지금까지 진행되어 온 연구들을 분석 및 정리 • 가설-검증 연구인 경우 이론적 배경의 분석을 통해 연구자의 가설을 설정 • 이론적 배경은 문헌 조사를 통해 서술함
조사방법	• 조사설계, 조사대상, 자료수집방법, 측정도구, 자료 분석 방법 등 조사에 필요한 각종 사항을 자세히 설명
조사결과 분석 및 제시	• 조사내용 및 분석 결과를 목차별로 상세히 정리 • 서술적 연구인 경우 자료의 통계치를, 가설검증 연구일 경우 가설의 채택 또는 기각 여부를 밝힘
논의	• 기존의 유사연구의 결과에 비추어 본 연구 결과를 논리적으로 비교, 분석, 해석함.

나. 본론 작성법

1) 문헌조사

기존 연구나 책 등을 찾아보는 탐구방법으로, 쉽지만 조사해야 할 것들이 많은 탐구방법이다. 이 방법을 사용한다면, 이론적 배경을 서론에 적지 않고 본론에 작성하는 것을 추천한다.

배경지식	• 조사한 내용 요약
탐구활동	• 기존 이론의 한계 지적 • 보완점 제시 • 대안 제시

2) 조사한 내용 요약

사실 학생 수준에서 할 수 있는 연구가 많지 않기 때문에, 대부분의 경우 문헌 연구를 한다. 하지만 설문조사를 하든, 문헌 연구를 하든 자료 조사의 내용이 보고서의 전부가 되어서는 안 된다. 분량으로 따진다면 A4 반 페이지, 최대 한 페이지가 적정선이다. 자료 조사를 바탕으로 기존의 가설과 비교하거나, 검증하는 내용을 통해 나만의 결론을 내야 의미 있는 보고서라고 할 수 있다. 단순히 "A 연구에서는 ~라고 했고, B 책에서는 ~라고 했다."와 같이 단순히 내용을 나열하는 것은 지양해야 한다. 조사한 내용을 바탕으로 자신의 논리적인 분석과 해석을 제시하고, 자신만의 결론을 도출해야 의미 있는 보고서가 될 수 있다.

3) 기존 이론의 한계 지적하기 or 보완점 제시하기

스스로 열심히 한 문헌 연구나 설문조사를 보고서에 적는 것은 좋지만, '그 결과가 이러이러했다.'로 끝나기보다는 한 걸음 더 들어가야 한다.

탐구보고서의 결과가 기존 통념을 뒷받침하는 결과일 경우, '이 연구를 통해 이러이러한 점이 드러났는데, 그것은 이 이론의 어떤 점을 강화하고, 효력이 있다는 점을 증명한다.' 기존 학설의 입장에서는 내 연구 결과가 어떤 재반론을 제시하게 하는지에 대한 내용도 좋다.

기존 이론의 한계를 지적하는 경우, '내 연구에 따르면 새로운 결과가 나오는데, 그것은 기존 학설의 ~한 점과는 반대되는 내용이며, 어떠한 한계를 드러낸다.'식의 표현을 쓰는 것이다.

4) 제안 제시

탐구 결과를 바탕으로 기존 이론의 한계점을 보완하거나 문제점을 지적하는 경우, 현실적인 대안을 제시할 수 있다. 이때, 대안은 추상적인 개념에 그치지 않고 구체적인 실행 방안을 포함해야 한다. 효과적인 대안 제시를 위해서는 먼저 포괄적인 개념을 제시하고, 이를 실현하기 위한 세부적인 해결 방안을 논리적으로 전개하는 것이 바람직하다. 다음의 예시를 살펴보면서 보고서를 작성해 보자.

〈칸트의 의무론 탐구보고서 본론 일부〉

〈배경지식〉 칸트의 의무론은 행위의 결과보다는 동기와 의무 준수 여부를 강조하는 윤리 이론이다. 인간은 보편적인 도덕 법칙에 따라 행동해야 하며, 이는 정언 명법의 형태로 제시된다.

〈조사한 내용 요약〉 칸트는 정언 명법의 두 가지를 제시한다. 첫째, "네 의지의 격률이 언제나 동시에 보편적 입법의 원리가 될 수 있도록 행위하라"는 보편화 가능성의 원리이다. 둘째, "너 자신과 다른 모든 사람의 인격을 단순히 수단으로서가 아니라 언제나 동시에 목적으로 대우하라"는 인간 존엄성의 원리이다.

〈기존 이론의 한계 지적〉 그러나 칸트의 의무론은 의무 간의 충돌 상황에 대한 명확한 해결책을 제시하지 못한다는 비판을 받는다. 예를 들어, 거짓말을 하지 않아야 하는 의무와 타인의 생명을 보호해야 하는 의무가 충돌할 경우, 어떤 의무를 따라야 하는지에 대한 지침이 부족하다.

〈대안 제시〉 이러한 의무론의 한계를 보완하기 위해, 본 연구에서는 공리주의적 관점을 도입하여 상황 윤리적인 판단의 가능성을 모색한다. 구체적으로, 행위의 결과를 고려하여 최대 다수의 최대 행복을 증진하는 방향으로 의무의 우선순위를 결정하는 방안을 제시한다.

5) 조사 및 실험

직접 설문조사를 하거나 실험, 관찰 등을 수행하여 자료를 수집하고 분석하는 탐구 방법이다. 생생한 경험을 바탕으로 탐구를 진행할 수 있다는 장점이 있지만, 체계적인 계획과 정확한 실행이 중요하다.

다. 본론 구성

1) 탐구를 통하여 알아보고 싶은 점

탐구를 시작하게 된 구체적인 질문이나 문제의식을 명확하게 제시한다.

마치 탐험의 목표 지점을 설정하는 것과 같다.

2) 탐구 실행 방법

탐구를 진행한 구체적인 절차, 기간, 대상, 방법(설문지, 실험, 방문 등)을 상세하게 기록한다. 날짜별, 내용별로 탐구 과정을 명확하게 제시하여 다른 사람도 이해하고 따라 할 수 있도록 한다. 마치 탐험 경로를 상세하게 기록한 지도와 같다.

- 실험: 실험 준비물, 과정, 횟수, 측정 방법 등을 상세하게 기록하고, 결과의 신뢰성을 높이기 위해 반복 실험과 평균값 제시 등을 포함한다.
- 사육·재배·관찰: 관찰 대상, 기간, 방법 등을 기록하고, 사진, 영상, 관찰 기록 등을 활용하여 변화 과정을 명확하게 제시한다.
- 설문지: 설문 참여자 정보(수, 연령대, 직업 등)와 설문 문항을 상세하게 제시한다.
- 조사·견학: 방문 목적, 장소, 날짜, 시간, 질문 내용, 면담 내용 등을 상세하게 기록하고, 사진 등을 활용하여 현장 상황을 생생하게 전달한다.

3) 탐구 내용과 결과 정리

탐구 활동을 통해 얻은 자료와 결과를 논리적인 순서에 따라 정리하고, 표, 그래프, 사진 등을 활용하여 시각적으로 제시해야 한다. 다른 사람이 쉽게 이해하고 비교할 수 있도록 명확하게 작성하는 것이 중요하다. 마치 탐험을 통해 발견한 보물들을 체계적으로 정리하고 전시하는 것과 같다.

〈회전 조건 탐구보고서 본론 일부〉

〈탐구 실험에서 알고 싶은 점〉

- 팽이의 축 길이 변화가 팽이의 회전 안정성 및 지속 시간에 미치는 영향은 무엇인가?
  (예상되는 세부 질문: 축 길이가 길어질수록 팽이의 회전 안정성은 어떻게 변하며, 총 회전 시간은 증가하는가 또는 감소하는가?)

- 팽이의 무게 중심 위치 변화가 팽이의 회전 안정성 및 지속 시간에 미치는 영향은 무엇인가?
  (예상되는 세부 질문: 무게 중심이 팽이의 상단/중앙/하단에 위치할 때 각각 회전 안정성과 회전 시간은 어떻게 달라지는가?)

- 팽이의 축 길이와 무게 중심 위치가 복합적으로 팽이의 회전 안정성 및 지속 시간에 미치는 영향은 무엇인가?
  (예상되는 세부 질문: 특정 축 길이에서 무게 중심의 변화가 회전 시간에 미치는 영향은 어떠하며, 가장 안정적이고 오래 회전하는 축 길이-무게 중심 조합은 무엇인가?)

〈탐구 실행 방법〉

1. 탐구 가설 설정

- 가설 1(축 길이): 팽이의 축 길이가 길어질수록 팽이의 회전 안정성이 증가하여 회전 지속 시간이 길어질 것이다. (또는 짧아질 것이다. 초기 가설 설정 후 실험 결과로 검증)
- 가설 2(무게 중심 위치): 팽이의 무게 중심이 팽이의 특정 위치(예: 하단)에 있을 때 회전 안정성이 가장 높고 회전 지속 시간이 길어질 것이다. (초기 가설 설정 후 실험 결과로 검증)
- 가설 3(복합 영향): 특정 축 길이와 무게 중심 위치의 조합에서 팽이의 회전 안정성과 회전 지속 시간이 최적화될 것이다.

2. 실험 설계 및 통제 변인

독립 변인:

- 축 길이: 팽이의 전체 길이를 조절합니다. (예: 5cm, 7cm, 9cm 등)
- 무게 중심 위치: 팽이 내부에 무게추를 삽입하거나 이동시켜 무게 중심의 수직 위치를 조절합니다. (예: 하단, 중앙, 상단)

종속 변인:

- 회전 지속 시간: 팽이가 안정적으로 회전하는 시작 시점부터 넘어질 때까지의 시간(초 단위 측정).
- 회전 안정성: 회전 중 팽이의 흔들림 정도(정성적 관찰 또는 영상 분석을 통한 정량화 시도).

통제 변인:

- 팽이의 전체 질량: 축 길이와 무게 중심 위치 변경 외에 팽이의 총 질량은 일정하게 유지해야 합니다.
- 팽이의 재질 및 모양 (몸통 지름 등): 동일한 재질과 기본적인 형태로 제작된 팽이를 사용합니다.

- 팽이를 돌리는 힘: 동일한 방법(예: 손으로 돌리는 경우 일정한 회전력 사용 연습 또는 전동 장치 활용)으로 팽이를 돌려 초기 회전 에너지를 일정하게 유지합니다.
- 회전 표면: 마찰이 일정한 평평한 표면을 사용합니다. (예: 유리판, 매끄러운 바닥)
- 측정 방법: 모든 실험에서 회전 시간 측정 기준 및 안정성 관찰 기준을 동일하게 적용합니다.

〈탐구내용과 결과정리〉

- 데이터 정리: 각 팽이 조건별 평균 회전 지속 시간과 안정성 관찰 결과를 표로 정리합니다.

그래프 작성:

- 축 길이에 따른 회전 지속 시간 그래프 (x축: 축 길이, y축: 회전 지속 시간)
- 무게 중심 위치에 따른 회전 지속 시간 그래프 (x축: 무게 중심 위치, y축: 회전 지속 시간)
- 축 길이-무게 중심 조합에 따른 회전 지속 시간 3D 그래프 또는 복합 막대그래프로 정리한다.(결과 값은 각자 실험하여 입력하기)

팽이 종류	축길이 (cm)	무게 중심 위치 (cm)	회전 시간1 (초)	회전 시간2 (초)	회전 시간3 (초)	회전 시간4 (초)	회전 시간5 (초)	평균 회전 시간 (초)
A	5	1						
B	5	3						
C	10	1						
D	10	3						
⋮								

4) 시험 보고서 작성 시 유의사항:

- 결과를 정리한 글은 도입, 전개, 정리부분으로 나누는데 마치 논설문의 서론, 본론, 결론과 같다. 그러나 문장은 설명문으로 써야 한다.
- 짧은 글로 번호를 붙여서 다른 사람이 이해하기 쉽도록 쓴다.
- 실험 중심의 탐구는 준비된 자료, 실험 과정, 실험 결과 등을 상세히 기록하고 작은 변화도 놓치지 않고 기록하고 나타낸다.
- 관찰 중심의 탐구는 관찰된 자료를 변화 과정에 따라 제시하는데, 그래프, 사진, 또는 사육한 동물이나 재배한 식물의 실물 자료를 보여준다.
- 설문조사를 통한 탐구는 결과를 도표, 그래프 등으로 비교하거나 평균값, 퍼센트(%) 등으로 요약하여 나타낸다. 도표에 사용되는 그래프는 원, 띠, 막대, 꺾은선 등 그래프의 특성에 알맞게 사용되어야 한다.
- 현장조사를 중심으로 한 탐구는 현장의 약도, 과정, 만난 사람, 날짜 등을 자세히 나타내고 사진 등으로 더 확고한 현장 사정, 주의점 등의 정보를 보여 주어야 한다.

라. 본론 쓰기의 핵심 유의사항

자신이 수행한 문헌 연구나 설문조사를 보고서에 제시하는 것은 중요하지만, 단순히 '결과가 이러이러했다'는 식으로 끝내기보다는 한 단계 더 나아간 분석과 해석을 제시해야 한다.

- 미리 작성된 '개요'를 철저히 준수
- 강력한 증거 제시
- 논리적인 흐름과 명확한 단락 구분
- 타인의 저작물 인용 시 반드시 출처 명시
- 시각 자료 적극 활용
- 허위 및 조작 절대 금지

본론은 여러분의 탐구 능력과 노력을 보여주는 핵심적인 부분이다. 이 장에서 제시된 다양한 방법과 유의 사항들을 꼼꼼히 숙지하여, 논리적이고 설득력 있는 본론을 완성해 보자.

3. 결론 작성법

가. 결론의 의미

탐구보고서의 '결론' 부분은 단순히 탐구 결과를 나열하는 것을 넘어, 탐구 전체 과정을 통해 얻어진 핵심적인 부분과 그 의미를 종합적으로 정리하는 부분이다. 이는 보고서의 마지막 장으로서, 탐구의 최종적인 메시지와 영향력을 전달하는 중요한 역할을 한다.

결론은 서론에서 명확하게 제시되었던 탐구 문제 및 가설에 대한 명확한 답변이 작성되는 것으로 마무리되어야 한다. 탐구를 통해 얻어진 결과의 핵심을 간결하게 요약하고, 이 결과들이 탐구 질문에 부합하는지 부합하지 않는지에 대해 근거를 들어 논리적으로 작성해야 한다.

더 나아가, 결론은 도출된 탐구 결과의 학문적, 실용적 중요성 및 기여도를 심층적으로 논의해야 한다. 해당 탐구가 기존의 지식 체계에 어떤 새로운 통찰력을 제공하는지, 혹은 현실 세계의 문제 해결에 어떻게 기여할 수 있는지를 구체적으로 설명해야 한다. 또한, 산업, 정책 등 실제 적용 분야에서의 잠재적 영향력을 제시함으로써 탐구의 가치를 부각시킬 수 있어야 한다.

뿐만 아니라, 탐구 과정에서 발생했던 제약 사항이나 한계점을 솔직하게 인정하는 것이 중요하다. 탐구 설계상의 한계, 데이터 수집 및 분석 방법론의 제약사항, 일반화 가능성 등을 객관적으로 평가함으로써 후속 탐구의 필요성을 제기할 수 있어야 한다.

마지막으로, 결론은 본 탐구의 결과를 바탕으로 어떤 추가적인 탐구가 필요하며, 어떤 측면을 더 탐구해야 할지를 구체적으로 제안해야 하는데 이는 해당 탐구 분야의 지속적인 발전과 심화, 확장을 위해 중요하다.

요약하자면, 탐구보고서의 결론은 탐구의 핵심 결과 요약, 탐구 결과, 탐구의 중요성 및 기여도, 탐구 한계점 및 향후 탐구 계획 제시를 포함하는 종합적인 부분이다. 따라서 결론은 보고서 전체 내용을 유기적으로 연결하고, 탐구의 의미를 명확하게 제시하는 데 심혈을 기울여 작성해야 한다.

나. 결론 작성 시 사용되는 유용한 표현법

결론을 작성하면서 학생들이 가장 힘들어하는 부분은 문장의 끝맺음이다. 문장의 끝맺음을 잘못 작성하게 되면 내가 의도하지 않은 의미로 전달이 될 수 있거나 전체적인 맥락이 흔들릴 수 있기 때문이다.

끝맺음을 잘 작성하는 가장 좋은 연습은 다른 사람의 학술자료 결과 부분을 읽으면서 전달하고자 하는 문장의 마지막을 어떻게 표현하여 마무리하였는지 살펴보며 읽는 것이다.

다음의 끝맺음 표현법은 약 50여 편의 학술자료 결론 부분에서 자주 사용되었던 표현을 모은 것이며, 보고서 결과 작성 시 참고용으로 도움이 되길 바란다.

1) 탐구결과

~를 의미한다.

~와 연관성이 있다고 볼 수 있다.

~결론 내릴 수 있다(없다.)

~의 인과 관계가 발생한다.

~00개의 결론을 도출할 수 있다.

~와 ~의 방법이 서로 유사했음을 의미한다.

~와 동일한 맥락을 보여준다.

선행연구와 다른(같은) 결과가 도출되었다.

~와 ~가(이) 일치하는 결과가 나왔다.

2) 한계점

~라는 한계를 가진다.

본 탐구에서는 ~부분까지 다루지는 못했다.

~하기 때문에 본 탐구 결과를 일반화하기 어렵다.

~하였다. 그러나 실제 ~와 다를 수 있다.(일반적이지 않을 수 있다.)

~한계가 있음을 염두에 두어야 한다.

3) 제언

더 나아가 ~이 요구되며 ~후속 연구도 필요하다.

~을 적용해 보는 것을 제언한다.

실제로 ~에 유의한 영향을 미치는지 ~탐구를 진행하기를 제언

한다.

이에 후속 탐구에서는 ~에 대해서 구체적으로 확인할 것을 제안한다.

~방안을 모색할 것을 제안한다.

4) 시사점(의의)

본 탐구를 통해 ~확인할 수 있었다.(확인하였다.)

탐구 결과는 ~로 활용될 수 있겠다.

본 탐구는 ~을 확인했다는 점에서 의의가 있다.

본 탐구를 바탕으로 ~을 향상시키기 위한 ~를 후속 연구로 진행할 수 있을 것으로 기대한다.

본 탐구의 결과는 ~의 기초 자료로 활용할 수 있을 것이다.(기여할 수 있을 것이다.)

이를 통해 ~을 위해서는 ~을 고려할 필요성이 있다는 사실을 확인한 점도 본 탐구의 의의다.

~을 도출하는 데 긍정적인 영향을 미쳤다고 볼 수 있다.

~한 제한점(한계점)에도 불구하고, ~부분에서 의의를 가진다.

5) 기타

~을 분석하고 ~할 수 있는 ~을 모색하는 데 있다.

본 탐구에서 탐구하고자 한 문제에 대한 결과를 정리하면 다음과 같다.

후속 탐구를 위한 참고 자료로 활용될 수 있을 것이다.

다. 탐구 방법에 따른 결론 작성법 및 사례

탐구의 결론에는 공통으로 작성이 되어야 하는 부분과 탐구 방법에 따라 작성이 되어야 하는 부분이 있다.

우선 공통으로 작성이 되어야 하는 부분은 서론·본론의 요약을 통해서 탐구를 하게 된 동기와 탐구를 진행한 과정 그리고 탐구 과정에서 중요한 핵심 내용을 간략히 정리해서 작성해야 한다. 물론 결과가 있는 탐구의 경우에는 탐구 결과에 대한 내용까지 작성해야 한다. 그리고 마지막에는 생각해 볼 문제, 탐구의 한계점 및 제한점을 드러내고 추후 심화·확장된 지속적 탐구가 가능하도록 열어두어야 한다.

지금부터는 공통적인 부분이 아닌 탐구 방법에 따라 구체적으로 어떤 내용이 결론 부분에 작성되어야 하는지 예시 자료와 함께 자세히 살펴보고자 한다.

1) 문헌연구

탐구 방법 중 문헌연구법의 결론은 기존 탐구와의 차별성 및 본 탐구의 이론적, 실질적 의의를 강조하는 내용이 포함되어야 한다. 구체적으로, 분석된 문헌들을 통해 새롭게 밝혀진 사실, 기존 이론이나 주장의 재확인 또는 심화된 내용, 그리고 이를 통해 얻어진 부분이 제시되어야 한다. 이 과정에서 단순히 문헌 내용을 나열하면 안 되고, 탐구 질문에 대한 답을 중심으로 논리적인 흐름을 구성하고, 발견된 사실들이 탐구 분야에 어떤 영향을 미치는지, 혹은 실제 적용에 어떤 시사점을 던지는지를 명확히 드러내야 한다. 더 나아가, 본 탐구의 한계점을 솔직하게 인정하고, 이러한 한계를 극복하거나 탐구를 심화·확장하기 위한 후속 탐구의 방향을 제시해야 한다. 즉, 문헌연구법의 결론은 과거 탐구의 분석을 바탕으로 현재 탐구의 의미를 부여하고, 미래 탐구의 가능성을 제시함으로 영향력 있는 내용으로 마무리되어야 한다.

사례

본 탐구보고서에서는 코로나19 전후로 인간관계와 사회시스템이 심리적 통증에 미치는 영향을 살펴보았다. 첫째로 코로나19 전 청소년이 직접적으로 관계를 맺는 대인관계로부터 경험하게 되는 배척과 더불어 개인을 둘러싼 환경적 맥락을 고려하여 사회적 구조로부터 경험하게 되는 배척이 심리적 통증과 연관이 있으며 영향을 미친다는 것을 탐구하였고, 둘째로 코로나19 위기 동안 청소년의 사회적 고립으로 인한 인간관계의 변화, 교육환경 등이 심리적 통증에 영향을 미친다는 것을 탐구하였다. 본 탐구보고서는 환경 변화에 따라 청소년의 심리, 사회적 요인이 정서적 디스트레스에 미치는 영향의 변화 양상을 살펴봄으로써, 코로나 팬데믹의 효과적인 심리방역을 위한 기초자료를 제공하였다는 데 의의가 있다. 이러한 측면에서 코로나19 위기 동안 청소년의 코로나19 스트레스와 부정적 심리 상태에 대한 현재 상황을 이해하고 해소의 필요성이 주요하게 나타난 점은 의미 있는 발견이라고 볼 수 있다. 코로나 팬데믹과 같은 대규모 전염성 재난은 국민의 심리건강을 꾸준히 악화시킬 수 있으며 종식이 되더라도 청소년의 삶에 지속적인 영향을 미칠 수 있다. 따라서 추후에는 청소년의 심리적 관계를 더욱 긍정적으로 변화시킬 수 있는 다양한 제도적, 환경적 방안과 정신건강 관리 방안, 사회적, 심리적 고립상태에서 자신의 심리건강을 유지할 수 있는 방안에 대한 후속연구가 필요하겠다.

2) 설문지법

설문지법의 결론은 탐구를 통해 수집된 설문 데이터를 분석하여 도출된 주요 결과를 명확하고 간결하게 요약한 내용이 기록되어야 한다. 핵심적으로, 탐구 질문에 대한 답변을 제시하고, 설정했던 탐구 가설의 채택 또는 기각 여부를 명확히 밝혀야 한다. 이때, 설문 데이터 통계 분석 결과 등을 근거로 제시하며, 발견된 주요 패턴, 상관관계, 또는 집단 간의 차이 등을 구체적으로 작성해야 한다. 더 나아가, 이러한 탐구 결과가 갖는 의의와 시사점을 논해야 한다. 즉, 진행된 탐구가 기존 탐구와 어떤 점에서 차별성을 가지며, 해당 분야에 어떻게 영향을 주었는지, 또는 실제 사회 현상이나 정책 결정에 어떤 영향을 미칠 수 있는지를 구체적으로 작성해야 한다. 또한, 탐구 과정에서 발생했던 문항의 모호성, 대상의 대표성 부족 등의 제한점을 언급하고, 이러한 한계가 탐구 결과 분석 및 해석에 미치는 영향을 알려야 한다.

사례

1. 요약

사회화가 제대로 이루어지지 않는다면 사회 부적응자가 늘어날 것이다. 이렇게 중요한 '사회화'를 각 '교과서'에서 어떻게 바라보고 있는지 궁금하여 탐구를 하였다. 총 4개의 출판사 교과서를 대상으로 관련 데이터를 조사한 결과 사회화 관련 전체 대비 페이지 수는 지학사가 제일 높지만 2단원 대비 페이지 수는 비상교육이 제일 많음을 알 수 있다. 2단원 대비 사회화

페이지 수는 미래엔이 제일 적으나 사회화 키워드 빈도수는 미래엔이 1.5배 이상 높고 이는 사회화를 바라보는 관점들까지 설명이 되어 있기 때문이다. 사회화 기관의 종류 역시 출판사별로 차이가 있다. 이것은 사회화를 나누는 종류 중 무엇을 더 중요하게 여기는지를 통해 차이가 남을 추측할 수 있다. 교과서에 사회화를 다각도로 나타내고 더 다양한 사회화기관을 예시로 든다면 학생들이 사회화를 이해하는 데 용이할 것이라 예측한다.

2. 제언

2015 교육과정에서는 사회를 바라보는 관점에서 사회화를 바라보기에 다소 힘들 수 있다. 또한 사회화의 종류는 '예기사회화'와 '재사회화'로 한정되어 있고, 사회화 기관도 뻔한 기관들로 한정되어 있다는 것이 한계가 될 수 있다. 이에 2022 개정 교육과정 교과서에서는 좀 더 다양한 사회화 기관이 나타나야 하고, 기능론, 갈등론, 상징적 상호작용론이 바라보는 사회화의 내용과 함께 탈사회화와 역사회화 등 사회화의 종류 역시 늘리는 방안을 모색할 것을 제언한다.

3. 한계점 및 추후 계획

선생님들의 수업방식은 생각하지 않고 탐구를 진행했기에 수업 준비 시 교과서에 관련된 추가 자료에 의해 연구 결과의 한계를 극복했을 가능성이 있다는 점을 간과했다. 사회를 담당하는 선생님들이 교과서에 대한 부족한 점을 인지했는지, 부족한 부분을 어떤 수업자료로 어떻게 준비하는지에 대한 부분은 추가로 탐구가 필요하겠다.

3) 면접법(인터뷰)

면접법의 결론은 심층적인 면담(인터뷰)을 통해 수집된 질적 데이터를 분석하여 도출된 핵심적인 발견 사항을 명확하고 간결하게 요약 및 분석한 결과를 작성해야 한다. 탐구 질문에 대한 심층적인 답변을 면담 참여자들의 생생한 경험과 관점을 바탕으로 새롭게 밝혀진 사실, 기존 이론에 대한 이해, 혹은 예상치 못한 답변을 구체적으로 작성해야 하며. 이때, 면담 과정에서 나타난 공통적인 주제, 반복되는 의견, 혹은 특이한 사례 등을 중심으로 흐름을 구성해야 한다. 또한, 본 탐구가 해당 현상이나 대상에 대한 이해를 어떻게 해석하고 심화시키는지, 기존의 양적 탐구로는 포착하기 어려웠던 맥락과 의미를 어떻게 드러내는지 강조해야 한다. 더 나아가, 탐구 과정에서 발생했던 주관적 개입, 참여자 선정 문제 등의 제한점을 명확히 언급하고, 이러한 점이 탐구 결과에 미치는 영향에 대해서 작성해야 한다.

사례

럭비선수들의 부상과 물리치료에 대한 탐구로 진행된 이 보고서는 럭비를 통해 발생하는 다양한 부상과 부상에 따른 물리치료 방법을 알아보기 위해 럭비선수대상 설문조사, 선수 인터뷰, 코치 인터뷰, 물리치료 실습 등 다양한 방법을 활용했다. 그 결과 가장 많이 다치는 부위는 발목이고 가장 많이 하는 물리치료는 전기치료임을 알 수 있었다. 물리치료 관련 인터뷰 과정에서 예방도 중요하지만 부상 이후 재활이 매우 중요하다는 것을 모두 알고 있음에도 불구하고 선수들이 경기를 하기 위해서 재활 과정을 충분히 하지 못하고 있다는 점을, 그리고 선수들이 부상 이후 매우 불안한 마음으로 훈련과 경기에 임하고 있다는 사실을 새롭게 알게 되었다.

물리치료의 중요성에 대해서 알았지만 현재 선수들의 부상관리에 대해서 자세히 알아보지 못한 부분은 추후에 탐구를 통해 살펴볼 필요가 있겠다. 선수들에게 부상은 치명적일 수 있기 때문에 이 부분을 명확히 분석하여 선수들이 심적으로 안정되게 운동에 임할 수 있도록 하길 제안한다.

4) 관찰법

관찰법의 결론은 밀착 관찰을 통해 수집된 질적 또는 양적 데이터를 분석하여 도출된 핵심적인 발견 사항을 명확하고 정확하게 작성해야 한다. 즉, 관찰된 행동, 현상, 상호작용 패턴 등을 구체적으로 기술해야 한다. 이때, 단순히 관찰된 내용을 나열하는 것이 아니라, 반복적으로 나타나는 특이한 사항, 혹은 예상치 못한 발견 등을 중심으로 작성하고, 필요한 경우 통계 분석 결과를 제시하여 객관성을 확보해야 한다. 더 나아가, 탐구가 그룹 내에서 행동이나 현상에 대한 이해를 어떻게 확장시키고 심화시키는지, 실제 환경이나 상황 개선에 어떤 영향을 미칠 수 있는지를 명확히 설명해야 한다. 마지막으로 탐구 과정에서 발생했던 관찰자의 주관적 개입, 관찰을 위한 환경적 제약 등 제한점에 대해 언급하고, 이러한 한계가 탐구 결과 해석에 미치는 영향에 대해 작성해야 한다.

사례

본 탐구는 고등학교 000동아리 활동에 탐구자가 참여하여 학생들의 상호작용을 심층적으로 관찰하고, 동아리 활동 참여가 학생들의 공동체 의식 및 소속감 형성에 미치는 영향을 분석하였다. 연구 결과, 동아리 활동은 학생들에게 다양한 긍정적 영향을 미치는 것으로 나타났다.

첫째, 함께 목표를 설정하고, 어려움을 해결하는 과정에서 책임감과 참여의 중요성을 인식하게 되는 모습에서 '능동적 참여 의식'이 함양됨이 관찰되었다.

둘째, 서로의 관심사를 공유하고 갈등을 해결하는 과정에서 타인을 존중하는 태도의 필요성을 배우며 '상호작용과 긍정적인 관계 형성'이라는 공동체 의식 발달에 도움이 됨을 관찰할 수 있었다.

다만, 본 탐구는 1개의 특정 동아리를 대상으로 한 참여관찰 탐구이므로, 모든 고등학교 동아리 활동에 일반화하기에는 제한점이 따른다. 향후 다양한 유형의 동아리 활동과 참여 학생들의 특성을 고려한 후속 연구를 통해 본 탐구 결과의 타당성을 검증할 필요가 있다.

5) 실험법

실험법의 결론은 서론에서 설정된 탐구 가설을 검증하기 위해 수행된 실험의 주요 결과를 명확하게 작성해야 한다. 독립 변인의 조작이 종속 변인에 미친 통계적으로 유의미한 효과를 제시하고, 탐구 가설의 채택 또는 기각 여부를 밝혀야 한다. 이때, 나타난 결과가 기존 이론이나 선행 연구와 일치하는지 또는 차이가 있는지 비교 분석해야 하며, 실험 설계 및 수행 과정에서 발생했던 실험 환경, 표본의 대표성 등 제한점을 드러내고, 한계점이 탐구 결과에 미친 영향에 대해서 작성해야 한다.

사례

본 실험을 통해 아스피린 합성의 에스터화 반응 원리를 이해하고, 인산 촉매의 역할, 아세트산 무수물 사용의 이점, 가열 및 냉각(얼음물)의 중요성, 그리고 재결정을 통한 순도 향상 과정을 확인하였다. 실험 결과, 생성된 아스피린의 녹는점은 기존 문헌치와 약 2~5℃ 차이를 보였으나, 살리실산의 녹는점은 1℃의 차이로 문헌치와 매우 유사하게 측정되었다. 또한, 아스피린의 무게는 0.91g, 수득률은 0.91%로 나타났다. 이는 실험 과정에서의 손실이나 불순물 포함 등의 요인으로 인해 이론적 수득률과 차이가 발생할 수 있음을 시사한다. 앞으로의 실험에서는 수득률을 높이고 순도를 더욱 향상시키기 위한 방법에 대한 탐구가 필요하겠다.

라. 결론 작성 시 유의사항

- 서론과 일치하는 결론을 작성해야 한다.
- 결론이 생각했던 예상(가설)과 다르더라도 나타난 결과를 수정하지 않고 작성해야 한다.
- 본론에서 하지 못한 부분 및 미진한 부분을 결론에서 마무리해야 한다.
- 결과에 나오지 않은 데이터를 조작하여 작성하면 안 된다.

4. 참고문헌 작성법

참고문헌 표기법은 학회 또는 학교마다 차이가 있다. 그렇기 때문에 작성을 할 때 제출하고자 하는 학교 또는 학회의 참고문헌 표기 방식을 확인해야 한다. 하지만 고등학교는 명확히 정해진 것이 없기 때문에 본인이 원하는 방식으로 작성해도 무방하다.

- 사회과학 분야 - APA(American Psychological Association)
- 인문학 분야 - MLA(Modern Language Association)
- 그 외 - 시카고(Chicago Style)

다만 주의할 점이 하나 있다. 하나의 보고서에 여러 가지 표기법을 혼용하여 작성하면 안 되는데, 이 점만 주의하면 된다. 다음은 가장 많이 상용되는 작성법으로 APA 방식이다. 참고문헌 작성 시 참고하면 되겠다.

도서

저자명(발행연도). 도서명. 출판사명.

(예시)

브라이언 버드(2007). 환자와의 대화. 이유.
간호사연구소, 간호사교육연구센터(2021). 간호 알고리즘. 포널스출판사.

기사자료

신문사명(발행일). 기사제목. 발행월일.

(예시)

동아일보(1998). "자유롭게 창의성을 키워요" 98교육캠페인 대안교육 (1) '대안교육' 무엇인가. (1월 5일)

한국대학신문(2021). "AI로 기존의 대학 교육 와해… '파괴적 혁신' 필요한 때". (4월 19일)

홈페이지, 블로그

웹사이트명(URL).

(예시)

경기도교육청 홈페이지(www.goe.go.kr). 마을교육공동체.

서울시교육청 블로그. https://blog.naver.com/seouledu2012/222294328511

학위논문(석박사)

연구자명(학위수여 년도). 논문 제목. 수여기관명(대학) 학위명. 소재지.

(예시)

서의영(2021). '지역연계 참여적 학습' 방법에 의한 마을교육공동체 프로그램 개발 및 적용: 학생들의 시민의식 함양을 중심으로. 경희대학교 대학원 석사학위논문.

양현주(2012). 로저 하트(Roger Hart)의 '참여 사다리'를 통해 본 유아 참여의 수준과 한계에 대한 교사의 인식. 부산교육대학교 대학원 석사학위논문.

학술지

연구자명(투고 년도). 논문 주제. 학술지명(단체명), 권(호), 페이지(논문 수록 면수).

(예시)

김미향(2020). 학교와 지역사회 간 연계협력에 기반한 마을교육공동체의 개념 탐색. 평생학습사회, 16(1), pp. 27-52.

김민희(2020). "정치교육을 위한 교육재정의 방향과 과제: 학생참여를 중심으로"에 대한 토론. 한국교육재정경제학회 학술대회 자료집, 2020(4), pp. 33-35.

기관에서 발행한 참고문헌

기관명(발행년도). 자료명.

(예시)

교육부(2020). 2021년 교육부 미래교육지구 신규 12개 선정 교육부 보도자료. (2020.12.18).

경기도교육청(2021). 2021 경기꿈의학교 공모사업 설명회 자료집.

위원회, 연구원

위원회명(발행년도). 자료명. 위원회 지역명.

연구자명(발행년도). 연구주제. 연구원명.

(예시)

청소년위원회(2005). 청소년참여의 현황·문제점 및 운영방안 연구. 서울: 청소년위원회.

황여정, 전현정(2017). 청소년의 지역사회 참여 모형개발 연구. n.p.: 한국청소년정책연구원.

법규

(예시)

경기마을교육공동체 활성화 지원에 관한 조례(2015.11.4. 제정, 경기도조례 제5078호). 법제처 국가법령정보센터. http://www.law.go.kr/자치법규/경기마을교육공동체활성화지원에관한조례(2021.05.20. 인출)

출처: 이상필(2021). 역량 함양을 위한 마을교육공동체 운영에 관한 연구: 학생 주체성의 관점에서. 인하대학교 대학원 석사학위논문.

Step Ⅳ

자기평가서 작성법

Step Ⅳ

자기평가서 작성법

학교생활기록부를 기록하는 선생님께서 학생으로부터 학교교육계획에 따라 실시한 교육활동 중 교사 지도하에 학생이 직접 작성한 자료를 활용할 수 있다고 '학교생활기록부 기재요령'에 나와 있으며, 자기평가서 이외에도 동료평가서, 수업산출물, 소감문, 독후감이 있다.

다. 학교생활기록부의 서술형 항목은 교사가 직접 관찰·평가한 내용을 근거로 입력하며, 학교교육계획에 따라 실시한 교육활동 중 교사 지도하에 학생이 직접 작성한 자료*는 활용할 수 있다.

* '학교교육계획에 따라 실시한 교육활동 중 교사 지도하에 학생이 직접 작성한 자료'로 학생부 기재 시 활용 가능한 자료는 아래 사례로 한정함.
① 동료평가서, ② 자기평가서, ③ 수업산출물(수행평가 결과물 포함), ④ 소감문, ⑤ 독후감

- 사용자는 학생부 내 서술형 항목 입력을 위해 학생·학부모 등에게 상기 ①~⑤의 자료에 해당하지 않는 일체의 자료를 요구하거나 제공 받아서는 안 됨.

출처: 교육부

활동의 과정에서 학생이 진정성 있게 적극적으로 참여하여 활동을 한 내용을 직접 작성하여 담당 교사에게 전달하여 간접적으로 학교생활기록부 기록에 영향을 줄 수 있기 때문에 매우 중요하다. 지금부터 자기평가서 작성하는 방법에 대해서 알아보도록 하겠다.

자기평가서에 작성되어야 하는 것은 첫째, 활동을 하게 된 동기, 둘째, 활동 과정과 결과, 셋째, 추후 계획이 가장 기본이자 중요한 요소이다. 지금부터 2가지 사례를 분석하면서 자세히 살펴보도록 하겠다.

〈자기평가서 사례 1〉

(동기) 과학의 화학변화 단원에서 산과 염기 반응이 제산제에 사용된다는 것에 흥미가 생겨 제산제의 원리를 탐구하였다. 또한 제산제의 원리를 탐구하면 이후 신약을 연구할 때 이를 바탕으로 더 효과적인 약을 개발할 수 있을 것 같았기 때문에 탐구활동을 하게 되었다. **(과정 및 결과)** 탐구하며 제산제가 위산과 중화반응을 일으켜 효과가 난다는 것과 제산제를 사용 시 주의해야 하는 사항 등 제산제에 대해 자세히 알게 되었다. 또한 산-염기 반응이 불균형해질 때 나타나는 질병(예로 산증, 알칼리증 등)을 치료하는 의약품이 만들어지는 데 산-염기반응이 활용될 수 있을 것이라는 사실도 알게 되었다. **(추후계획)** 그래서 추후 더 관심을 가지고 산-염기 반응이 불균형해질 때 나타나는 질병에 대해서 탐구해 보고 싶다. 그리고 약품의 화학적 원리(산-염기의 반응)를 탐구하는 활동이 흥미로워 약품의 화학적 원리도 더 탐구해 보고 싶다.

동기와 과정 및 결과 그리고 추후계획까지 잘 작성된 사례이다. 그렇다면 이렇게 작성된 자기평가서를 활용하여 세특을 작성하게 된다면 어떻게 기록이 될지 함께 살펴보도록 하겠다.

<생기부 기록 예시>

화학변화 단원에서 산과 염기반응에 제산제가 사용된다는 부분에서 제산제의 정확한 용도에 궁금증을 갖고 탐구함. 포털사이트 및 제약회사 홈페이지, 도서를 참고하여 내용을 확인함. 제산제의 주성분이 수산화알루미늄이나 수산화마그네슘 등의 염기성 물질이고, 용도는 위궤양, 산역류 등 광범위하게 사용된다는 것과 주의사항에 대해서 새롭게 알게 됨. 특히, 산-염기반응이 불균형해질 때 나타나는 질병을 치료하는 의약품 제조에 사용된다는 사실이 진로와 연계되어 많은 관심을 보임. 이를 바탕으로 제산제가 위에서 통증완화를 위한 원리에 대해서 심화하여 탐구로 이어갈 계획을 세움.

<자기평가서 사례 2>

(동기) 사회, 문화의 변화와 사회 운동의 전개 단원에서 도시화가 진행되면서 경성의 건물들이 변화했다. 이에 대해 더 깊이 알고 싶어 '경성의 건축가'라는 책을 읽었다. 이 책을 읽으며 책 속 인물들, 건축가들이 지은 경성의 건축과 현대 건축의 연관성에 궁금증을 가지게 되어 그것에 대해 더 깊게 탐구해 보려 한다. **(과정 및 결과)** 1918년도 건축물들은 양식목조구법만 사용되었다. 1920년 전후로 점차 벽돌 구법으로 전환되어 갔다. 1920년 전후로는 유럽풍의 붉은 벽돌을 사용하였다. 이처럼 근대 건축물에 대한 건축 양식 중 일제강점기 건축과 해방 이후 건축의 변화 외에도 일제강점기 이전의 건축과 이후의 건축의 변화도 있다. 일제강점기 이후에 지어진 건축물은 벽면에 쌓여 있는 돌들이 대각선으로 쌓여 있거나 돌의 모양이 다이아몬드의 형태로 많이 나타난다. 일제강점기 이전에는 직사각형 모양으로 주로 나타난다. 커튼월과 같이 경성 건축이 현대 건축의 이전 건축에

서는 찾아볼 수 없는 건축 양식을 보급하며 과거 경성 건축이 현대 건축에 미친 영향을 알게 되었다. 경성 건축에 대해 더 깊이 탐구할 수 있는 시간을 가지게 되어 갖고 있던 궁금증을 풀게 되었다. **(추후계획)** 탐구 과정에서 경성 건축 중에서도 일제강점기 시대 때 도시화 과정에서 지어진 문화주택에 대한 궁금증이 생겼는데, 이 문화주택의 내부 공간 구성과 기능적인 측면에 대해 더 깊게 탐구할 것이다.

〈생기부 기록 예시〉

자기주도적인 학습 능력이 돋보이는 학생으로 수업 내용을 바탕으로 관련된 책을 읽고 글로 정리하는 등 생각의 깊이와 더하는 능력을 보임. 사회문화의 변화와 사회 운동의 전개 단원에서 도시화가 진행되면서 경성의 건물들이 변화했다는 내용을 학습하고, 경성의 건축과 현대 건축의 연관성에 궁금증을 갖고 탐구 활동을 함. 이를 계기로 '경성의 건축가'를 읽고, 경성의 건축물들이 양식목조구법에서 벽돌 구법으로 시간의 흐름에 따라 변화하였음을 알게 됨. 커튼월과 같이 경성 건축이 현대 건축 이전 건축에서 찾아볼 수 없는 건축 양식을 보급하여 과거 경성 건축이 현대 건축에 미치는 영향을 정리함. 더불어 벽면에 쌓이는 돌들이 일제강점기 전과 후로 다르다는 것을 바탕으로, 거시적인 관점에서 건축 기법을 역사적 맥락 속에서 살펴봄. 탐구 활동 중 일제강점기 시대 도시화 과정에서 문화주택의 내부 구성과 기능적인 측면에 대해 호기심을 갖고 후속 활동을 계획함.

부 록

부록Ⅰ. 탐구보고서 사례 1

주제탐구보고서

주제: 수면시간 데이터 분석에 따른 컨디션이 학업 성취도에 미치는 영향
교과군: 인공지능 기초 Ⅲ. 데이터와 기계학습

목차

Ⅰ. 서론

1. 탐구동기

고등학교 시절에는 다양하고 많은 시험을 치른다. 시험 준비는 과정에서 열심히 하는 것도 중요하지만 시험 당일의 컨디션 또한 결과에 많은 영향을 미친다. 학생들이 공부를 하다보면 항상 잠자는 시간이 부족한 상황을 나를 포함하여 많이 목격하게 되었고, 이러한 수면 시간이 컨디션에 어떻게 영향을 미치는 궁금하였다. 특히 나의 컨디션을 최상으로 만들기 위한 수면 시간은 어떻게 되는지 궁금하여 탐구를 하게 되었다.

2. 탐구목적 및 필요성

학생들은 성장하는 과정에서 시험이라는 제도로 평가를 받는다. 이렇게 평가를 받기 위해서는 평가 당일 컨디션이 매우 중요하다. 이는 스포츠 선수들이 경기 당일의 최상의 컨디션 유지를 위해서 조절하는 것과 비슷하다고 볼 수 있다. 그래서 본 탐구는 나를 대상으로 노력한 만큼의 좋은 결과를 얻기 위해서 최상의 컨디션을 유지하기 위한 적절한 수면 시간을 찾는 것을 목적으로 한다.

3. 탐구방법

10일을 기준으로 수면시간에 변화를 주고 아침에 일어나서 컨디션을 체크하면서 기록을 남길 것이다. 약 30일 정도의 자료를 바탕으로 기록을 분석하여 얼마나 수면을 취했을 때 가장 좋은 컨디션이 나타나는지 실제 데이터를 기준으로 알아보는 방식으로 탐구를 진행 할 것이다.

4. 용어정리

가. 수면

사람은 태어나서 약 1/3의 시간을 수면으로 보낸다고 한다. 하루 24시간 중에 약 8시간 잠을 잔다는 것이다. 수면이란 계명대학교 동산병원 홈페이지 내용에 따르면 단순한 휴식을 넘어서 신체와 정신의 건강을 위하여 꼭 필요한 과정이며 좋은 수면을 유지하는 것은 삶의 질을 높이고 각종 신체, 정신질환 예방에 중요한 것이라고 나와 있다. 또한 대한 수면의학회 자료에 따르면 수면은 크게 렘(REM)수면과 비렘(NREM)수면으로 나눌 수 있고, 렘수면은 뇌의 활성, 근육 무긴장, 급속안구 운동으로 특징지어진다. 쉽게 말하면 몸은 마비상태이나 뇌에서는 활발한 활동상태를 보이는 것이다. 비렘수면은 수면의 깊이와 비례하여 1단계부터 4단계까지 구분되며 몸은 움직일 수 있지만 뇌의 활동상태는 비활동적인 시간으로 정의할 수 있다고 나와 있다.

수면 단계		하룻밤의 비율	특징
비 REM 수면	N1	5%	가수면 상태 - 이 수면 단계에서 깨우면 깨어 있었다고 보고함
	N2	40-55%	수면방추 , K-복합
	N3	10-20%	서파수면 , 델타 뇌파가 나오는 수면단계
REM 수면		10-45%	빠른 안구 운동 (Rapid Eye Movements), 수면마비단계 (atonia) - 거의 모든 꿈은 REM수면에서 이루어짐

출처: 계명대학교 동산병원 홈페이지

이렇듯 수면은 우리가 살아가는 데 매우 중요한 역할을 한다고 볼 수 있다.

나. 컨디션

시험 당일 친구들끼리 인사치레로 하는 말이 '오늘 컨디션 어때?'이다. 여기서 쓰이는 컨디션은 외래어이다. 옥스포드 사전의 정의에 따르면 몸의 건강 상태라고 나와 있다. 최우영(1969)의 말에 따르면 자신의 실력과 재능을 최대한 발휘하여 최고의 기록을 작성할 수 있는 상태라고 하였다. 또한 방상식(2000)은 시차적응 측정방법으로 체크 리스트를 사용하였는데 문항의 요소에는 수면 정도, 잠들기, 식욕 등이 있었다. 이렇게 우리가 사용하는 컨디션이라는 용어는 완전히 하나로 통일된 정의가 없이 다양한 해석으로 사용이 되고 있다. 여기서 학생에게 컨디션에 대해서 정의를 내려 본다면 학생이 일련의 생활을 하면서 행복을 느끼는 상태가 유지되는 것으로 정의 내릴 수 있겠다.

Ⅱ. 본론

1. 이론적 배경

가. 수면과 컨디션

수면의 기능은 회복, 에너지 보존, 기억공고화, 시냅스와 신경세포체의 통합, 체온조절 등 다양하다. 충분한 수면을 취하지 않으면 앞에서 언급한 기능이 제대로 발휘를 하지 못하게 되고 그것이 우리가 이야기하는 컨디션이 좋지 않다는 상황이 되는 것이다. 청소년에게 적절한 수면은 건강한 성장과 행복한 일상을 위해서 매우 중요하다는 것은 다양한 연구에서 보고되고 있다. 또한 청소년 복지 측면에서 수면권은 기본적인 인권에 포함된다고 볼 수 있다(류지원. 2024). 이러한 청소년의 수면권을 보장하기 위해 등교시간을 늦추거나 셧다운제의 정책을 통해서 노력하고 있지만, 여전히 충분한 수면 시간이 확보되지 못하는 것으로 2022년 통계청의 보도를 통해 알 수 있다.

에듀인뉴스
https://www.eduinnews.co.kr › news › articleView

9시 등교해도 중·고등학생 아침밥 안 먹는다 ...

2020. 10. 14. — 2014년 9월 경기도교육청을 시작으로 청소년의 수면**시간**을 보장하고 **아침**결식 문제 해결을 위해 **등교시간**을 늦추는 이른바 "9시 **등교**"가 도입된바 있다.

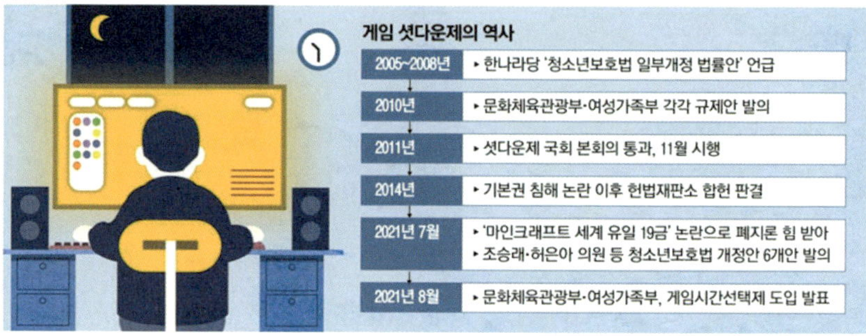

이 밖에 시험 기간이 되면 늦은 시간까지 학습을 하거나 수행평가를 해야 하기에 새벽에 잠이 드는 경우가 허다하다. 이렇게 되면 수면을 통해서 충분한 휴식을 갖지 못하기 때문에 신체적, 정신적 컨디션 모두 좋을 수가 없고 학교 수업 시간에 졸음을 참지 못하거나 멍한 상태로 지내게 되는 악순환이 반복되는 것이다.

2. 탐구대상 및 도구

나도 현재 학생으로서 최상의 컨디션 유지를 위한 수면이 필요한 상황이다. 이번 탐구에서는 나를 탐구 대상으로 하여 나에게 맞는 적정 수면시간을 찾아볼 것이다. 탐구를 위해서 시계와 데이터를 기록할 수 있는 엑셀 프로그램이 필요하겠다.

3. 탐구절차

수면시간에 따른 최상의 컨디션을 찾는 탐구가 목적이기 때문에 다양한 수면 시간에 따른 상황을 만들어야 한다. 수능을 기준으로 6시간의 충분한 숙면이 필요하다는 기사내용을 바탕으로 6시간을 기준으로 7시간, 8시간 이렇게 3가지 경우로 나누어 설정하고 기상 시 컨디션을 100점 만점 기준 몇 점 정도로 유지가 되는지 기록을 작성하여 데이터를 쌓고 이것을 분석하여 최상의 컨디션을 찾도록 할 것이다.

4. 탐구결과 및 자료 분석

가. 10일 추적

처음 10일은 6시간 수면을 취하는 것을 기준으로 측정하였다. 최대한 12시에 잠자리에 들기 위해서 노력했고, 6시간 이후 잠에서 깨기 위해서 노력했다. 그리고 아침의 컨디션 채점표에 눈을 뜨자마자 점수로 표시를 남겨 두었다.

1차(6시간)	1일	2일	3일	4일	5일	6일	7일	8일	9일	10일
잠든 시각	11시	10시10분	12시	11시	12시30분	1시	1시	1시30분	12시	12시
일어난 시각	5시30분	5시	6시10분	5시20분	6시30분	7시	7시	7시	6시	6시10분
기상 컨디션	80	80	60	50	50	60	70	70	60	70

〈표 1-1〉 1차시 기록

6시간을 기준으로 수면을 하였을 때는 잠을 자는 시간과 일어나는 시간이 조금 애매한 경우가 있어서 힘들었다. 조금 일찍 잠이 들면 새벽에 일어나야 했는데 이 부분이 적응이 힘들었다. 또한 일어나면서 조금만 더 잠을 잤으면 하는 아쉬움이 계속 들었다.

나. 20일 추적

두 번째 실험은 7시간 잠을 자는 것으로 하였다. 초반에는 잠드는 시간에서 조금 아쉬운 점이 있었지만 3일차부터는 패턴을 찾을 수 있었다. 잠이 들고 일어나는 시간이 빠르지도 느리지도 않아 일어나면서도 개운함을 느낄 수 있었다.

2차(7시간)	1일	2일	3일	4일	5일	6일	7일	8일	9일	10일
잠든 시각	11시	10시10분	12시	11시	1시	10시10분	1시30분	12시	10시10분	12시
일어난 시각	6시	6시40분	7시	6시30분	7시30분	7시	7시30분	7시	6시	7시
기상 컨디션	70	80	70	90	80	80	80	70	90	80

〈표 1-2〉 2차시 기록

다. 30일 추적

마지막으로는 8시간 잠을 잤다. 조금 더 잠을 자고 일어나는 것이 개운하게 느껴졌지만 시간이 지날수록 늘어지는 듯한 느낌과 오히려 머리가 아프거나 하는 등 컨디션이 좋지 않았다.

3차(8시간)	1일	2일	3일	4일	5일	6일	7일	8일	9일	10일
잠든 시각	11시	10시10분	1시	11시	12시30분	1시	11시30분	12시	1시	10시30분
일어난 시각	7시	7시	7시30분	7시20분	7시40분	7시40분	7시30분	7시40분	7시40분	6시30분
기상 컨디션	70	70	50	60	40	40	50	50	40	60

〈표 1-3〉 3차시 기록

이렇게 쌓인 데이터를 기준으로 점수 분포를 표로 재정리하였다. 내가 기분 좋게 느낀 2차시가 높은 점수대로 위치하는 것이 확인되었다. 또한 오히려 더 많이 잠을 잔 3차시가 컨디션에 좋지 않다는 사실을 확인할 수 있었다.

	1차	2차	3차
40	0	0	3
50	2	0	3
60	3	0	2
70	3	3	2
80	2	5	0
90	0	2	0
100	0	0	0
	10	**10**	**10**

〈표 1-4〉 데이터 분석을 통한 최상의 컨디션을 위한 숙면 시간 참고표

5. 수면시간 분석에 따른 학업 성취도 변화

수면시간에 따른 기상 컨디션에 따라서 학생들의 학교 수업 집중도 설문을 통한 데이터를 융합하여 의미 있는 내용을 찾을 수 있었다. 학교 오전 수업시간의 집중도에 대해서 의미 있는 결과를 발견할 수 있었다. 1, 2, 3차시 수면 데이터를 조사하면서 해당 일의 오전 수업 집중도에 대한 데이터를 함께 작성하였다. 그 평균은 다음의 표를 통해 확인이 가능하다.

	1차	2차	3차
1교시	50점	80점	40점
2교시	70점	90점	30점
3교시	60점	70점	60점
4교시	50점	80점	50점

1, 3차시보다 2차시에 기록되었던 경우가 수업시간 집중도가 많이 좋았다. 집중도가 높아 필기를 하거나 선생님 말씀을 잘 들었기 때문에 2차시 범위를 학업으로 TEST한 경우 가장 좋은 학업 성취도를 보였다.

Ⅲ. 결론

1. 요약

고등학생이 좋은 결과를 얻기 위해서 과정도 중요하지만 당일 컨디션이 중요하다는 것을 알고 있는 상황에서 수면 시간이 컨디션에 어떻게 영향을 미치는지 궁금해서 탐구하였다.

수면은 인체의 회복 및 뇌의 활동에 있어서 매우 중요하고 그것은 육체적, 정신적으로 컨디션에 영향을 미친다. 이에 나 스스로를 실험대상으로 하여 수면시간을 6시간, 7시간, 8시간으로 나누어 실험을 하고 그 데이터를 기록으로 쌓았다. 7시간 숙면 시간으로 기상을 하였을 때 좋은 컨디션을 꾸준히 유지하는 패턴을 보이는 것을 확인할 수 있었다.

2. 한계점 및 추후계획

수면이 컨디션에 영향을 미치는 것은 시간뿐만이 아니라 다양한 요소가 적용이 된다. 또한 대상이 나 혼자만으로 진행한 것이기 때문에 일반화가 어려우며 데이터도 부족하다. 컨디션에 영향을 주는 수면의 다양한 요소와 대상의 인원수를 늘려서 충분한 데이터를 통한 의미 있는 분석으로 신뢰 있는 결과를 얻고자 한다.

〈참고문헌〉

박준모(2017). 고교 검도선수의 시합 시점별 컨디션 조절 전략. 인하대학교 교육대학원.

류지원(2024). 중학생의 적정 수면 여부에 영향을 미치는 요인: 코로나19 전후를 중심으로. 이화여자대학교 사회복지대학원.

계명대학교 동산병원 홈페이지. https://goodsleep.or.kr/

대한수면의학회. https://www.sleep.or.kr/

부록Ⅰ. 탐구보고서 사례 2

주제탐구보고서

주제: 다문화 출신 군 장병의 생활 복지향상을 위한 공간 조성 방안
교과군: 한국지리, 사회문화

목차

Ⅰ. 서론

1. 탐구 동기

한국 국적을 가진 남성이라면 선택이 아닌 의무로 군 복무를 해야 한다. 군 복무를 하기 위해서 입대하는 청소년 중에서 다문화 청소년이 많이 늘어나고 있다는 내용을 접했다. 한국지리에서 다문화 가족이 늘어남에 따라 지속 가능한 다문화 사회를 위해서 다양한 공간이 필요하다는 것을 배웠다. 그렇다면 군 생활을 하는 군부대의 공간에도 변화가 있어야 하지 않을까 하는 의문에 탐구를 하게 되었다.

2. 탐구 목적 및 필요성

다문화 청소년이 사회와 단절된 군부대에서 생활해야 한다는 것은 정신적, 육체적으로 많은 어려움이 있을 것으로 예상된다. 다문화 청소년 군 장병이 군 생활을 잘하도록 군부대 공간의 변화에 대한 탐구는 우리나라 국방부 전투력의 상승을 위해서 필요하다.

3. 탐구질문

1) 다문화가족 군 장병은 얼마나 될까?
2) 다문화가족 청소년도 병역의무를 수행하나?
3) 다문화가족 군 장병을 위한 생활복지 공간이 있나?

Ⅱ. 본론

1. 이론적 배경

가. 한국군의 역사

한국군의 역사는 우선 일제강점기를 기준으로 나누어 생각할 수 있다. 일제강점기 이전 조선은 중앙군과 지방군 그리고 의병이 현재의 군인이었다고 할 수 있다. 일제강점기는 독립운동가들이 독립군과 의결단 등을 조직하여 활동을 하였는데 이는 현재의 군대와 비슷하다고 할 수 있으며 광복 이후 한국광복군이 조직되었다. 대한민국 정부가 수립되고 처음으로 국군이 공식적으로 창설되었다. 미국과의 군사 동맹을 통해 국방력이 강화되었고, 베트남전 참전 등을 통해서 군사 기술과 작전 능력을 향상시켰다. 1990년대 이후 군대는 현대화되어 첨단 무기와 기술을 도입하였고 자주국방을 목표로 꾸준히 개발에 힘쓰고 있다.

일제강점기 전	일제 강점기	광복 후	대한민국 정부 수립	1990년 이후
(조선)중앙군, 지방군, 의병	독립군, 의결단	한국광복군	(처음) 정식 국군	군대의 현대화

〈표 2-1〉 한국군의 역사

한국군의 징병제는 병무청 자료에 따르면 1949년 8월 6일 제정되어 1950년 1월 6일 징병검사를 실시했으나 정상적인 징집 필요성이 없다 하여 보류되었다가 6.25동란이 발생하면서 다시 시작되는데 이렇게 진행된 것이 초창기 징병검사 형태라고 한다. 이러한 징병제는 헌법에서 규정하고 있는데 내용은 아래와 같다.

'모든 국민은 법률이 정하는 바에 의하여 국방의 의무를 진다.'-헌법 제39조제1항

또한 헌법에 위임된 병역법에는 다음과 같이 되어 있다.

'대한민국 국민의 모든 남자는 헌법과 이 법이 정하는 바에 따라 병역의무를 성실히 수행하여야 한다.'-병역법 제3조제1항

의무에 따라 군 복무를 해야 하는데 다음의 그림에서 나온 것처럼 병역판정에 따라 등급이 주어지고 이에 따른 군 복무 방법에도 차이가 있다. 또한 군 복무는 정해진 나이에 입대를 하여 그 의무를 다해야 한다.

<table>
<tr><th>18세</th><th colspan="2">19세</th><th>20세 22세 24세 26세 27세 28세</th><th>30세 35세</th><th>37세 45세</th></tr>
<tr><td rowspan="6">병역준비역
편입
·
안내</td><td rowspan="6">병역
판정
검사
실시</td><td rowspan="3">신체
등급
1급~4급</td><td>입 영 연 기
2년제 대학 / 4년제 대학 / 6년제 대학, 대학원(4학기) / 의과대학, 치과대학 등, 대학원(4학기 초과)</td><td></td><td></td></tr>
<tr><td>병 역 의 무 이 행
› 현역병 · 육군/해병(18개월), 해군(20개월), 공군(21개월)
› 상근예비역(18개월)
› 전환복무 · 의무경찰(18개월)
· 의무소방/해양경찰(20개월)
› 사회복무요원(21개월)
› 대체복무요원(36개월)
› 산업기능요원
· 현역입영대상자(34개월)
· 사회복무요원소집대장자(23개월)
› 전문연구요원(3년)</td><td>기피자
·
미귀국자</td><td rowspan="2">전시
연장</td></tr>
<tr><td colspan="2">예 비 군 8 년</td></tr>
<tr><td>5급</td><td colspan="2">전 시 근 로 역 · 전 시 근 로 소 집 대 상</td><td></td></tr>
<tr><td>6급</td><td colspan="2">병 역 면 제</td><td></td></tr>
<tr><td>7급</td><td colspan="2">재 신 체 검 사 2 년 이 내 확 정 처 분</td><td></td></tr>
</table>

출처: 병무청

군대는 정책이나 시스템의 변화만 있었던 것은 아니다. 군 장병이 생활하는 공간에서도 많은 변화가 있었다. 1950~60년대 생활관은 제대로 된 시설 없이 천막 or 콘셋 막사에서 생활을 하였고, 1970년대가 지나 1980년대가 되어서야 현대화 막사가 생겨났다. 이렇게 변화가 시작된 생활관은 2000년대에 들어서 통합 생활관을 통해서 많은 부분이 좋아졌다.

1950년대 콘셋 막사

1960년대 A형 막사

2000년대 현대식 통합생활관

1960년대 생활실

1970~2000년대 생활실

2010년 생활실

출처: 국방부 블로그

최근에는 모포 대신 이불을 덮거나 텀블러 사용, 휴대폰 사용, 뷔페식 급식 등 다양한 부분에 군 장병의 생활 향상을 위해서 한번 더 변화를 취하고 있다.

출처: 한경신문

나. 한국의 다문화 가족

다문화 가족이란 한국민족문화대백과사전에 의하면 서로 다른 국적・인종이나 문화를 지닌 사람들로 구성된 가족이다. 다문화 가족은 국제결혼으로 한정하여 결혼 이민자와 한국인으로 형성된 가족을 지칭하기도 한다. 또는 우리와 다른 민족・문화적 배경을 가진 사람들로 구성된 가족을 지칭하기도 한다. 그리고 한국 사회에 거주하고 있는 외국인 노동자, 결혼 이민자, 외국인 거주자 및 그들의 자녀까지 포함하기도 한다. 민족주의, 순혈주의가 강했던 한국에서 다문화 가족은 혼혈 가족, 혼혈아 등으로 불리며 차별받아 왔다. 세계화와 이주로 인한 외국인 유입 증가, 국제결혼 급증으로 우리나라에서도 다문화 가족에 대해 새롭게 인식하고 있다고 정의되어 있다. 또한 다문화가족지원법에 의하면, 결혼이민자와 대한민국 국적을 취득한 자로 이루어진 가족을 뜻한다고 나와 있다.

다문화 가족은 2015년 조사를 시작했을 때는 약 3만 가구였으며 2022년 현재 약 4만 가구로 증가하였다. 가구원으로 보면 약 112만 명이다.

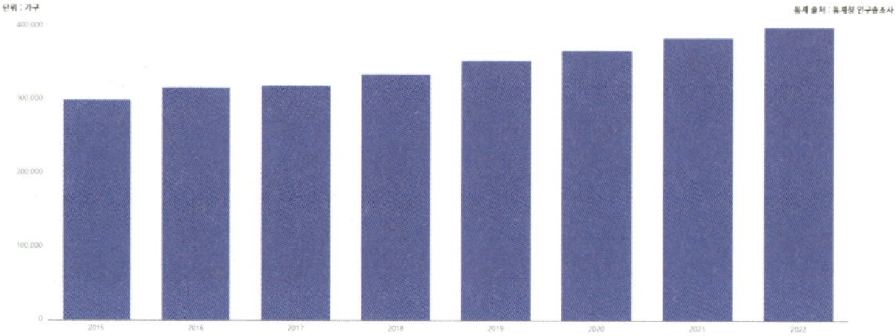

출처: KOSIS

다문화 가족이 늘어나면서 자녀의 인구수도 점점 증가하고 있다. 2012년 22만 9천 명으로 매년 조금씩 감소하고 있지만 누적 출생아 수는 202만 명에 달한다. 남녀 비율이 1:1이라는 가정으로 한다면 남아는 약 100만 명이 된다.

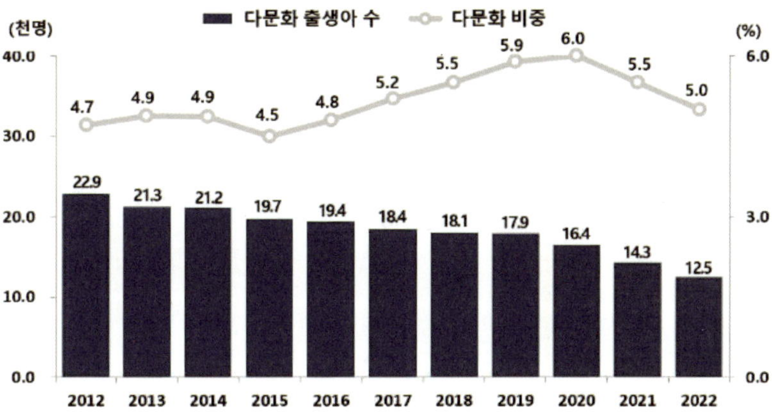

[그림 2-1] 다문화 출생 추이

출처: 통계청

국적으로 보면 남편은 미국, 중국, 베트남, 캐나다, 영국, 호주, 캄보디아, 일본, 대만, 프랑스 국적이 많았으며, 아내는 베트남, 중국, 태국, 미국, 일본, 필리핀, 캄보디아, 러시아, 대만, 몽골 국적이 많았다.

〈표 2-2〉 출신 국적별 혼인 건수 및 비중, 2021-2022년 (단위: 건, %)

남편		2021	비중	**2022**	**비중**
건수		13,926	100.0	**17,428**	**100.0**
국적*	한국	9,314	66.9	**12,281**	**70.5**
	외국[1)]	4,612	33.1	**5,147**	**29.5**
	미국	1,305	9.4	**1,398**	**8.0**
	중국	1,180	8.5	**1,126**	**6.5**
	베트남	445	3.2	**601**	**3.4**
	캐나다	226	1.6	**313**	**1.8**
	영국	112	0.8	**166**	**1.0**
	호주	77	0.6	**153**	**0.9**
	캄보디아	85	1.0	**138**	**0.8**
	일본	145	0.6	**133**	**0.8**
	대만	87	0.6	**81**	**0.5**
	프랑스	86	0.6	**70**	**0.4**
	기타	864	6.2	**968**	**5.6**

아내		2021	비중	**2022**	**비중**
건수		13,926	100.0	**17,428**	**100.0**
국적*	한국	3,158	22.7	**3,568**	**20.5**
	외국[1)]	13,063	77.3	**10,768**	**79.5**
	베트남	1,883	13.5	**4,001**	**23.0**
	중국	3,324	23.9	**3,104**	**17.8**
	태국	1,593	11.4	**1,936**	**11.1**
	미국	496	3.6	**645**	**3.7**
	일본	729	5.2	**615**	**3.5**
	필리핀	326	2.3	**576**	**3.3**
	캄보디아	225	1.6	**549**	**3.2**
	러시아	362	2.6	**298**	**1.7**
	대만	279	2.0	**213**	**1.2**
	몽골	195	1.4	**192**	**1.1**
	기타	1,356	9.7	**1,731**	**9.9**

출처: 통계청

2. 한국군의 다문화 군 장병 현황 및 문제점

한국군의 다문화 가정 출신 장병은 2010년 51명에서 2016년에는 634명으로 약 12배 정도 증가했으며, 2018년에는 1,000명을 넘었다. 또한 2030년에는 연 1만 명의 다문화 장병이 입대할 것으로 예상되고 있다.

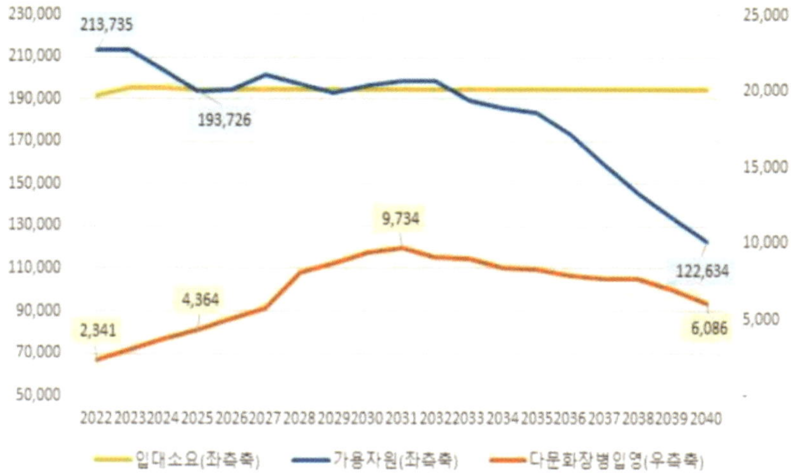

[그림 2-2] 입대 소요/현역가용자원/다문화 장병 입영 추이

출처: 서울경제

이렇게 다문화 가정 출신의 장병이 가파르게 늘어나고 있지만, 이에 대한 대비책은 미비한 상태이다. 첫째, 국방부에서는 다문화 장병 식별 활동이 차별적 행위가 있다는 이유로 다문화 장병 현황 집계도 안 하고 있다. 둘째, 다문화 교육 실시율 또한 매우 저조한 상황이다. 셋째, 다문화 장병 관련 법령 및 규정의 내용이 구체적이지 못하다는 것이다. 넷째, 다양한 문화적 배경을 가진 장병 구성에 대한 수용성 측면에서의 대비가 준비되지 않고 있다. 다섯째, 전문성이 부족한 지휘관에 의해서 훈련 등 생활이 이루어지고 있다는 것이다. 마지막으로 군대 시설에 대한 공간 구성에 있어서 다문화 장병의 배려가 부족하다는 것이다.

3. 다문화 군 장병의 적응을 위한 개선 방안

한국지리(미래엔) 교과서 내용에 따르면 공동체 형성에 따른 다문화 공간이 생겨나고 다문화 사회 모습으로 역할을 하고 있다고 나와 있다. 이렇게 익숙한 다문화 공간이 군 입대를 함과 동시에 단절되지 않도록 방안으로 자연스럽게 적응할 수 있는 공간을 만들어 줘야 한다.

〈표 2-2〉 출신 국적별 혼인 건수 및 비중 2021-2022년 자료에 의하면 아빠와 엄마의 국적으로 언급된 나라가 약 15개국이며, 기타 나라까지 합하면 그 이상이다. 이러한 나라의 부모님과 함께 자란 청소년은 우리나라 문화뿐만 아니라 부모님의 국가의 문화를 함께 보고 배우고 느끼며 자랐을 것이다. 이렇게 성장한 청소년이 군복무를 하는 과정에서 부모님의 문화를 이어 갈 수 있는 제도뿐만 아니라 공간적인 부분에서 접근하여 개선해야 할 필요가 있다.

첫째, 종교활동의 다양성을 위한 공간 활용이다. 현재 군대에서는 개신교, 불교, 천주교, 원불교 종교활동이 이루어지고 있다. Story of Seoul의 '훈련소 종교활동 관련 헌재 결정이 공허한 이유' 제목의 원종빈 기자의 기사 내용에 따르면 종교가 없거나 다른 청구인에게는 아무거나 하나 선택해서 참석하라고 권유하며 문제가 되었던 경우도 있다.

출처: Story of Seoul

다양한 문화를 바탕으로 종교 자유가 있는 상황에서 종교의 다양성이 이루어질 수 있도록 공간을 마련해 주어야 한다. 이러한 공간은 부대의 지리적 위치를 활용해서 종교활동을 위한 공유 공간을 만들어 진행하는 것이 하나의 방법이다.

[그림 2-3] 종교시설 공유 위치 예시안

이렇게 종교활동을 할 경우 인근에 있는 시설을 공동으로 사용함으로써 군 생활을 하면서도 종교의 자유를 충분히 누릴 수 있게 되는 것이다.

둘째, 휴식 시간 문화 활동이다. 군대 하면 축구, 농구, 족구, 당구 등으로 취미 활동을 한다. 이러한 활동에 있어 각 나라별 전통 문화 놀이를 할 수 있는 공간과 물품이 구비가 되어 공동체 활동이 이루어질 수 있도록 한다면, 군 장병 간의 다문화 수용성 부분에서 많은 도움이 될 것으로 보여진다.

출처: 베이비뉴스 일본-다루마오토시 / 베트남-냐이삽 / 중국-콩주

셋째, 군 복무를 의무로 하는 나라는 흔하지 않다. 그렇기 때문에 다문화 가족 청소년의 경우 군대에 입대하는 것을 매우 큰 불만으로 여길 수 있다. 이는 다문화 가족의 자녀가 아니어도 마찬가지이다. 하지만 우리나라는 분단국가이고 의무로 군 복무를 해야 하는 충분한 명분이 있다. 이러한 상황에 대한 사실적인 내용이 있는 소형 박물관이 군부대에 있다면, 군인으로서의 명예로움과 자율적 의무성을 키우는 데 도움이 될 것이다.

방법으로는 훈련을 받는 지역마다 해당 지역에서 나라를 위해 목숨을 바친 호국영령 및 업적에 대한 박물관 개념의 기념관을 지역과 협업하고 만들어 활용하는 것이다.

출처: 대한민국 정책브리핑

그리고 훈련 과정에서 필수로 정하여 선조들이 우리나라를 어떻게 지켜왔는지 직접 체험함으로써 군 장병에게 한국 국민으로서 왜 국방의 의무를 지녀야 하는지 이해하고 정신적으로 성숙해지는 데 도움이 될 것이다.

Ⅲ. 결론

1. 요약

다문화 가족이 늘어나고 그로 인해 공동체 활동을 위한 다문화 공간이 생기는 학습을 통해서 다문화 출신 군 장병이 생활하는 군부대 공간에 대한 궁금증이 생겨 탐구를 시작했다. 우선 우리나라 군대의 역사와 다문화가족에 대해서 살펴보았다. 대한민국 국민으로 남자라면 의무로 국방의 의무를 지닌다. 다문화 출신 청소년 또한 군복부를 의무로 해야 하며, 현재 그 인원수는 매우 빠르게 늘어나고 있다는 것을 확인했다.

하지만 사회에서도 아직 다문화 수용성이 낮아 어려움이 있는 다문화 출신 군 장병을 위해 제도적으로 부족한 부분이 많다는 것을 확인했다. 의사소통, 전문성이 부족한 지휘관, 급식 등이 대표적이다. 그리고 여기서 한 가지 다른 관점에서 바라본 것이 공간 활용이다. 훈련을 하지 않는 자율 시간을 통해서 이루어지는 활동을 위한 공간이 필요하다는 것이다.

다문화 출신의 군 장병은 최소 15개 나라의 부모님의 자식이기도 하다. 그렇기 때문에 종교, 문화활동, 그리고 군 복무의 명예와 자율적 의무성을 키우기 위한 역사 교육 등을 위한 공간이 조성되어야 한다는 것을 제안한다.

2. 추후 계획

다문화 출신 군 장병이 훌륭한 군인으로 성장하기 위한 전문 지휘관 양성과정 프로그램 개발을 위하여 미국과 영국 등의 해외 사례 분석을 통해서 살펴보고자 한다.

〈참고문헌〉

박종수(2013). 이태원지역의 종교공간적 특성과 다문화 공간으로의 이해. 서울학연구 제51호. 155-179.

윤효상(2020). 다문화가족 청소년의 군복무를 위한 병역정책 발전 방안 연구. 한양대학교 공공정책대학원.

여성가족부. 제4차 다문화가족정책 기본계획(2023~2027).

병무청 홈페이지. https://www.mma.go.kr

병무55. 통권 55호 2004 가을호.
https://www.mma.go.kr/www_mma3/webzine/55/htm/55-24.htm
https://www.mma.go.kr/contents.do?mc=usr0000246

대한민국 국방부 블로그. https://blog.naver.com/mnd9090/220855291084

군 장병, 모포 대신 이불 덮는다… 급식은 뷔페식으로. 한경. 김현경. 2023.12.17.
https://www.hankyung.com/article/2023121715525

한국민족문화대백과사전. https://encykorea.aks.ac.kr/

행정안전부 국가기록원.
https://www.archives.go.kr/next/viewMainNew.do

2030년 '다문화 軍'으로 변한다… '1개 사단' 규모 연 1만 명 다문화 장병 입대. 서울경제. 이현호 기자. (2024.02.12.)
https://www.sedaily.com/NewsView/2D5BXPR3RG

훈련소 종교활동 관련 헌재 결정이 공허한 이유. Story of Seoul. 원종빈 기자. (2023.04.03.)
https://www.storyofseoul.com/news/articleView.html?idxno=10291

세계 각국의 전통놀이, 뭐가 있을까?. 베이비뉴스. 이유주 기자.(2016.02.02.)
https://www.ibabynews.com/news/articleView.html?idxno=37073

신기방기! 세계의 전통놀이. 에듀진. 김해림 기자.(2017.11.02.)
http://www.edujin.co.kr/news/articleView.html?idxno=17416

[우리지역 호국 영웅] 차일혁 경무관. 대한민국 정책브리핑.(2017.03.24.)
https://www.korea.kr/multi/visualNewsView.do?newsId=148830745
우리지역 호국영웅 알아보기 - 천안. 대한민국 정책브리핑.(2017.03.21.)
https://www.korea.kr/multi/visualNewsView.do?newsId=148830635

3. 실험법(NEW)

탐구주제	식물 세포 DNA추출 및 정량	
목적	• 식물 조직으로부터 세포벽을 분해하고 DNA를 추출하는 과정을 학습한다. • DNA정량 결과를 바탕으로 전기영동 실험에 적합한 DNA 샘플을 준비하는 능력을 함양한다.	
준비물	• 식물 조직(양파, 딸기 등), 추출 버퍼(Tris-HCl, EDTA, NaCl, SDS 등), 단백질 분해 효소(Protease K), RNase, Isopropanol 또는 Ethanol, TE buffer, 원심분리기, 시험관, 피펫, 팁, 얼음, 물중탕기	
연계교과	교과명	단원명
	통합과학	지각과 생명체를 구성하는 물질
	생명과학1	유전, 유전자의 발현과 조절
	생명과학2	생명공학과 인간 생활
활동순서	강의명	내용
1	이론수업	• DNA추출의 기본 원리(세포 파괴, 단백질 및 RNA 제거, DNA회수) • 식물 세포벽의 구조와 분해 방법 • 실험에 사용되는 시약 및 기기의 특성과 안전성
2	식물 조직 준비	• 식물 조직(예: 양파, 딸기 등)을 잘게 분쇄
3	세포파괴	• 분쇄된 조직에 추출 버퍼를 첨가하여 세포막 및 세포벽 파괴
4	단백질 제거	• 단백질 분해 효소(Protease) 처리 또는 염석(salting out) 등의 방법으로 단백질 제거

5	DNA 분리	• 알코올 침전법을 이용하여 DNA 분리 및 회수
6	결과분석	• 실험 과정 및 결과에 대한 토의
7	안전사항	• 실험복, 장갑 등 개인 보호 장비 착용 • 시약 취급 시 안전 수칙 준수(특히, 유해물질 주의) • 실험 기기 사용 시 주의사항 숙지 • 실험 후 폐기물은 지정된 장소에 처리
기타 참고사항	참고사항	• 본 실험은 DNA 시퀀싱 실험에 사용될 DNA 샘플을 직접 준비하는 과정 • 추출 효율을 높이기 위해 다양한 변형된 방법들이 존재하며, 실험 목적에 따라 적절한 방법을 선택할 수 있음
예시 사진	 	

나다움교육연구소

2025학년도 '나다운' 주제탐구계획서【공통】

학번	이름	희망진로	희망학과
탐구 주제 영역		☐ 진로활동 ☐ 자율 · 자치활동 ☐ 동아리활동 ☐ 교과세특	

1 탐구 내용 1차 정리

과목명	
단원	
내용정리	☐ 교과 ☐ 기사 ☐ 학위논문(학술지) ☐ 기타
관련 키워드	(5개 이상을 기록해 주세요)

2 탐구 질문

질문1	
선정이유	
근거자료	□ 도서 □ 기사 □ 학위논문(학술지) □ 기타

질문2	
선정이유	
근거자료	□ 도서 □ 기사 □ 학위논문(학술지) □ 기타

질문3	
선정이유	
근거자료	□ 도서 □ 기사 □ 학위논문(학술지) □ 기타

3 주제 확정

□ 주제

4 서론작성

서론	1. 탐구 목적
	2. 탐구 필요성

5 본론 목차 정하기

6 결론

제언하고 싶은 내용이 있다면 제언을 해주세요.

7 후속조치

2025학년도 ‘나다운’ 주제탐구 캠프 보고서【공통】

학번	이름	희망진로	희망학과
탐구 주제 영역		□ 진로활동 □ 자율활동 □ 교과세특 □ 개인세특 □ 동아리활동	

□ 주제

목 차

Ⅰ 서론

1. 탐구 동기

2. 탐구 목적

3. 탐구 필요성

4. 탐구 방법

Ⅱ 본론

본론 목차 및 내용을 작성해 주세요.

Ⅲ 결론

결론, 요약, 제언하고 싶은 내용이 있다면 제언을 해주세요.

※ 참고문헌

※ 부록

저자약력

고승미

現 나다움교육연구소 대표

現 ㈜바이브온 교육위원

現 디지털랩 교사연수(탐구/면접) 지도교수

現 한국교육컨설턴트협의회 1급 회원

따라하며 완성하는 나다운 탐구보고서(공저)

결정적 코치 7,8,10,11,12,13,14(공저)

이상필

現 나다움교육연구소 수석 연구원

現 나나나교육연구소 소장

現 나다움SN교육컨설팅학원 원장

인하대학교 교육대학원 IBEC-DP과정

따라하며 완성하는 나다운 탐구보고서(공저)

결정적 코치 7,8,10,11,12,13,14(공저)

이미금

現 나다움교육연구소 연구원

現 (사)한국진로진학정보원 팀장

現 (주)마이크로러닝 글로벌사업팀 팀장

現 한국교육컨설턴트협의회 1급 회원

경인교육대학교 교육전문대학원 교육학석사

장현수

現 나다움교육연구소 연구원

現 큰빛진로진학연구소 대표

現 (사)한국체육문화인성협회 강원지부 사무국장

現 한국교육컨설턴트협의회 1급 회원

웨스트민스터대학원대학교 사회적경제교육학과 석사 과정

유웨이 글로컬진로N상담전문가

배우며 완성하는 나다운 탐구보고서
- 가이드북 -

2025년 8월 5일 1판 1쇄 인쇄
2025년 8월 10일 1판 1쇄 발행

저 자 : 고승미, 이상필
이미금, 장현수
발행자 : 한 정 주
발행처 : 교육과학사

저자와의
협의하에
인지생략

경기도 파주시 광인사길 71
전화 (031)955-6956~8/팩스 (031)955-6037
Home-page : www.kyoyookbook.co.kr
E-mail : kyoyookbook@daum.net
등록 : 1970년 5월 18일 제2-73호

낙장 · 파본은 교환해 드립니다.
Printed in Korea.

정가 17,000원
ISBN 978-89-254-1927-5